江西符号

俊采星驰

朱虹◎著

江西美术出版社
全国百佳出版单位

穿越历史风烟，

回望文化之巅，

江西，俊采星驰，

风流人物世界比肩。

采菊东篱下，悠然见南山。

陶渊明的桃花源，谁不痴恋？

月上柳梢头，人约黄昏后，

欧阳修醉翁之意，山水之间。

问渠那得清如许？为有源头活水来，

朱熹白鹿洞学规，百世垂范；

小荷才露尖尖角，早有蜻蜓立上头，

杨万里一代诗宗，两袖清风。

门对千棵竹，家藏万卷书，

解缙编《永乐大典》，盖世奇珍；

闲居玉茗堂，情寄牡丹亭，

汤显祖“临川四梦”，石破天惊。

不畏浮云遮望眼，总把新桃换旧符，

王安石勇于变法，富国强兵；

人生自古谁无死？留取丹心照汗青，

文天祥千古忠臣，正气浩荡！

穿越历史风烟，

回望文化之巅，

江西，地灵人杰，

多少风流光耀人间。

目录

江西首位历史名人吴芮

吴芮雕像

吴芮（公元前241—公元前201），秦汉之际余汗县（今江西省余干县）人，为春秋时吴王夫差后裔。秦时为第一任番县（今江西省鄱阳县）令，汉高祖五年（公元前202）被封为长沙王。吴芮是秦汉交替时期的楚地领袖，是西汉初期杰出的政治家和军事家，也是江西首个在《史记》《汉书》等典籍中有明确记载的历史名人，被誉为“江西第一人杰”。

公元前473年，吴国被越国所灭，越王勾践毙吴王夫差，并追杀夫差家人。吴国王子王孙四散避难，其中一支逃到了今天江西的鄱阳、余干和婺源一带。吴芮的父亲吴申曾任楚国大司马，因为谏议春申君黄歇图谋不轨，得罪了楚王。公元前248年，吴申被流放到南部的边远之地番邑（今江西鄱阳），当时很多人为吴申的遭遇抱不平，劝他到齐国为官。

吴申坚决不肯背叛自己的国家，为躲开那些好事者的怂恿，他举家迁居余干县西南善乡龙山南麓（今社庚镇邓墩村）。公元前 241 年，吴芮出生于此，父亲吴申将他取名为“芮”（芮是一种适合于高纬度山区生长的水稻），就是希望他的一生能够为天下人的温饱而奋斗。据《余干县志》记载：“战国末，夫差六世孙申，事楚考烈王，因谏封春申君而得罪被谪居余干邓墩之五彩山，是为余干吴氏始迁祖。申生芮，佐汉高祖定天下，有大功，封长沙王，即史称长沙文王。其后裔繁衍，唐宋以降，先后分迁。”

相传吴芮出生时，龙山顶有五彩云呈现，时人以为祥瑞，便将龙山改名为五彩山。江西之东乡、进贤、南昌、临川、金溪等县志均有同样记述。南宋著名政治家、诗人王十朋曾到邓墩村五彩山探幽访胜，写了一首《游五彩山》的诗。诗云：“吴芮当年生此山，此山彩色锦官城。如今不爱繁华地，松林森森一青青。吴芮初为番邑令，深得民心尊番君。”

一、英雄少年 志向高远

小时候的吴芮十分聪颖，深受祖父吴厥的疼爱。祖父经常给他讲祖公泰伯开国爱民如子的故事，回忆吴国的辉煌和富饶，讲述历史上的种种教训，从医学角度讲解易学的辩证道理，从棋艺中讲解当年祖先里著名军事家吴起的兵法、阵法，并从小教会他强身健体，练习拳脚武艺。吴芮还经常和祖父做伴爬山采药，参加农业劳动、打猎捕鱼、饲养家禽、驯狗等活动。青年时代的吴芮，经常拿《孙子兵法》和《吴起兵法》放在一起研究，取其精华并成《孙吴兵法》，分为“图国”“料敌”“治兵”“论将”“应变”“励士”六篇，并带着吴氏族人子弟和当年跟随一起南下军士的后代，演练阵法。

秦王朝末年，统治严酷，徭役繁重，使得百姓妻离子散，田园荒芜，散兵游勇四处抢劫。吴芮为保卫乡亲不受伤害，就组织家丁亲兵抗击流寇。他为人宽厚，只要是不袭扰百姓的散兵，一律给予出路，队伍因此不断壮大。他 18 岁时就统制兵马 17000 多人，分布在鄱阳、余干、浮梁的各处要道，部队军纪严明，深受百姓拥戴。他大胆革除弊政，轻徭薄赋，减轻百姓负担；带领百姓兴修水利，制定一系列鼓励农耕的措施，提高了农民的生活水平。

秦二世时期，秦王朝面临各地义军武装割据的局面，为稳定南方，阻止百越地区背叛，采纳左相李斯谏言，封吴芮为番君。吴芮带队伍从水路进入鄱阳湖后，靠岸建城，立为据点，即为番县（今鄱阳县）。秦始皇统一六国后，在全国推行郡县制。番县也是秦王朝首次在江西设置的县之一。吴芮采用强硬手段铲除鄱阳盗匪劣徒势力，积极开通航运，发展渔业，推广农业技术。他要求百姓向朝廷如实呈报田地，实行土地私有制，按亩纳税，鼓励开垦荒地，与百姓约法三章，凡新开垦的田地一律归开垦者所用，5 年内不缴纳赋税；外地流亡到鄱阳县的百姓，由朝廷按纳授地，派人传授生产技能，帮助他们安居乐业。吴芮所采取的这一系列仁政举措，深得民心，不仅使当时鄱阳湖流域的经济得到极大发展，而且势力范围扩大了数倍。由此可见，青年时期的吴芮就拥有了很高的军事、政治、管理、建设、经济等能力，并且有着长远的战略眼光。

二、功勋卓著 二度封王

秦始皇横征暴敛，连年大兴土木，造阿房宫、建骊山墓、修筑万里长城，动用民夫几十万人，使得民怨沸腾。公元前209年7月，陈胜、吴广在蕲县大泽乡揭竿而起，天下的贫苦百姓积极响应。秦朝刑徒英布率领一支7000余人的淮南义军来到番县，投奔吴芮。吴芮见英布率众而来，立即审时度势，于当年8月带领部队宣告起义，成为第一个起兵反秦的秦吏。英布长相难看，黥面刑徒，但吴芮并不藐视，并做出一个惊人之举，把自己心爱的女儿嫁给英布。婚后，吴芮派英布在鄱阳湖操练水军。据史书记载："番阳令吴芮，甚得江湖民心，号曰番君。布往见之，其众已数千人。番君乃以女妻之。"在那时，把女儿嫁给一个素不相识的脸上被刺字的罪犯，确实需要一些勇气。事情的发展证明了吴芮的眼光敏锐：英布后来成为西汉三大猛将之一，获封淮南王。

吴芮的起义部队横扫赣、湘、桂一带，声势十分浩大，威镇江南，各地群雄纷纷投奔，包括越王勾践的后裔闽越王无诸、东海王驺摇，皆领兵归属吴芮，吴芮不计祖上恩怨，一律接受。吴芮先是跟随项羽南征北战，在攻占咸阳后，项羽因吴芮战功卓著而封他为衡山王，建都邾城（今湖北黄冈）。

楚汉相争时，看到项羽的残暴不得民心，加上好友张良的劝说，吴芮毅然站在刘邦一边，凭自己占据的地盘和吴国君王之后的身份，与韩信等人上表称臣，拥戴刘邦为帝，成为西汉开国的元勋。吴芮弃楚归汉，极大地改变了双方力量对比，成为刘邦获胜的重大因素之一。刘邦衷心感谢吴芮的帮助，他刚登帝位，就颁布诏书，嘉奖吴芮："故衡山王吴芮，从百粤之兵，佐诸侯，诛暴秦，有大功；诸侯立以为王，项羽侵夺之地，谓之番君。其以芮为长沙王。"

公元前202年，吴芮任长沙王，以原秦长沙郡建立长沙国，领长沙（今湖南辖地）、豫章（今江西辖地）、象郡（岭南一带）、桂林（今广西辖地）、南海（今广东辖地）五郡，将湘县改名为临湘县（今日的长沙城即在此基础上发展而来），作为国都。从此，湖南历史上出现了第一个诸侯王国，长沙第一次成为王国都城，"楚南雄镇"发展为汉藩干都，长沙开始以"楚汉名城"显扬于世。

三、异姓八王　长沙王忠

刘邦取得天下后，共封了八个异姓王，分别是楚王韩信、梁王彭越、淮南王英布、赵王张耳、燕王臧荼、长沙王吴芮、韩王信、燕王卢绾。其中只有长沙王吴芮自始至终忠于刘汉王朝，其他七个异姓王都因种种原因身死国亡。因吴芮对大汉忠诚无二，高祖刘邦制诏御史："长沙王忠，其定著令。"

就这样，一位有才能、有功劳、有势力、有威望，而且和项羽关系最密切的异姓王，居然成了结局最好的异姓王，不仅自己善终，而且教子有方，子孙后代也恪守吴芮的品质，不参与叛乱，在异姓王之乱、诸吕之乱等大事中本本分分、忠心耿耿，长沙国便也因此得以一直存在到文帝末年，最终传国五代，因无嗣而终。汉代史学家班固这样赞誉吴芮："唯吴芮之起，不失正道，故能传号五世，以无嗣绝，庆流支庶，有以矣夫，著于甲令而称忠也。"

当然，刘邦并未解除对吴芮的疑心，再加上吴芮的女婿淮南王英布谋反，刘邦对吴芮其实也一直磨刀霍霍、屡屡试探。有一次，刘邦对吴芮说："吴国，古代已有，后来灭亡。朕想恢复吴国，设立吴王，你看如何？"此时，吴芮明白刘邦是在试探自己有没有恢复吴国的野心，回答说："您的侄子刘濞重义厚道，应立他为吴王。"刘邦看到吴芮如此光明磊落，最终也就网开一面，慈悲为怀。

那么，吴芮究竟为什么能够躲过一劫，又为何长沙王能够一枝独秀呢？其原因可归纳为以下几点：

第一，忠心耿耿。

楚汉战争中，吴芮坚定地站在刘邦这一边，韩信、彭越、英布等都要挟过刘邦，刘邦虽然同意了他们提的条件，但种下了隐恨，等待秋后算账。吴芮只是提供无私帮助，从来不提额外要求。

第二，行事低调。

吴芮有位挚友乃"汉初三杰"之一的张良。张良归隐时，在吴芮家住过一段时间，劝吴芮千万不能张扬。吴芮把自己大部分领地让给刘邦子女，又将自己的部分精锐亲兵分到荆王刘贾（刘邦堂兄）帐下。

第三，百姓拥戴。

有一次，刘邦和萧何去长沙国视察。一路上只见军队行礼，并没有百姓夹道欢迎。刘邦很不满，本想惩办吴芮。萧何悄悄对刘邦说：如果百姓知道谁责罚了吴芮，那他们不会让这个人走出长沙国。刘邦知道吴芮的声望太高，只好作罢。

第四，领地偏远。

吴芮当时的地盘大致在今天江西、湖南一带，属于偏远荒凉之地，对朝廷构成不了太大的威胁。刘邦也需要有威望的人稳定南方，所以放了吴芮一马。

各种原因，肯定远不止上述这些。但归根结底，对汉高祖刘邦的绝对忠诚，关键时刻总能审时度势、顺势而为，才是长沙王吴芮避免身死国亡、最终传国五代的“护身符”。

四、伉俪情深　英年早逝

吴芮是个很专情的男子，只有一个妻子陪伴他同甘共苦，直至终老。他的这位妻子便是历史上著名的才女、乐府歌辞《上邪》的作者毛苹。

公元前 201 年中秋，吴芮与爱妻毛苹泛舟湘江，庆祝自己 40 岁生日。远望青山，近看碧水，想想这么多年征战在外，打打杀杀，夫妻聚聚散散，吴芮和毛苹都陷入了一种莫可名状的伤感境界。面对明月，毛苹吟咏：“上邪！我欲与君相知，长命无绝衰。山无陵，江水为竭，冬雷震震，夏雨雪，天地合，乃敢与君绝。”（歌辞大意为：上天呀！我渴望与你相知相惜，长存此心永不褪减。除非巍巍群山变为平地，除非滔滔江水干涸枯竭，除非凛凛寒冬雷声翻滚，除非炎炎酷暑翻飞白雪，除非天地相交聚合连接，直到这样的事情全都发生之时，我才敢将对你的情意抛弃决绝。）毛苹指天发誓、指地为证，连用5件不可能的事情来表明生死不渝的爱情。这首歌辞为“短章之神品”，成了千古绝唱，也是讴歌吴芮夫妻感情的佳话。

这年冬，刘邦诏令吴芮率兵去平定闵越，行军至金精山（今江西省宁都县西北15里石鼓山）时病逝，其爱妻毛苹亦于同年去世，夫妇双双合葬于长沙城西，汉朝廷赐谥号“文王”。400年后，吴芮第十六世孙吴纲迁冢婺源县镇头镇鸡山，至今墓前还完整保存有清雍正、乾隆年间所立石碑，上刻“延陵郡三十世祖汉长沙王讳芮谥文吴公之墓”“汉长沙王吴文王芮墓”字样。

吴芮共有五个儿子，长子吴臣留居长沙，世袭长沙王位。其后，长孙辈吴回、吴右、吴著相继沿袭，至汉文帝七年（公元前173），吴著病故时无后，长沙王封号才被废除，但已足足相传了五代。

五、后世敬仰　英名永存

为了缅怀吴芮，余干县的当地百姓于唐代就修建了芮王殿，占地面积5000余平方米，建筑面积3000余平方米，1000多年间，几建几废，最后一次修建于清朝宣统年间，分上中下三殿，最高处6丈高，殿内梁柱粗大笔直，其直径可容两人环抱，殿内建筑全部选用珍贵木材，雕梁画栋，涂金上漆，工艺精湛，金碧辉煌。后殿中央砌有青石高台，上供吴芮轿内坐像，常年香火旺盛，可惜该殿于1968年“文革”期间被毁。2016年8月，由民间投资700余万元、建筑面积800余平方米的“吴芮文化园”

即芮王殿系列重建工程，在吴芮出生地——余干县社庚镇五彩山举行开工奠基仪式。

鄱阳县历朝历代都为吴芮修建了番君庙，据《江西通志》卷一〇九载："吴文王庙在鄱阳毛家巷，祀汉长沙王吴芮，祠在州治内，宋知饶州范仲淹迁治西。"

在国家文物局珍藏一幅赵孟頫《汉番君庙碑》的帖册。元朝廷感吴芮功德，为番君庙立碑，由翰林学士明善撰文，中书舍人高日方篆额，赵孟頫书帖册。

1084 年 6 月，苏轼任黄州（今湖北黄冈）团练副使移官汝州（今河南临汝）时，送他在黄州共度 4 年谪居生活的长子苏迈赴德兴（今德兴市银城）任县尉，过江西湖口，写下《石钟山记》；经饶州（鄱阳）凭吊番君庙，写下一首《吊番君》诗。

绍兴六年（1136）夏天，岳飞奉诏去杭州临安，从九江过鄱阳，特地到鄱阳毛家巷番君庙凭吊吴芮。岳飞在吴芮的神像前感慨题楹联："机关不露云垂地，心境无瑕月在天。"

清代文学家、戏曲家蒋士铨在鄱阳十八坊毛家巷凭吊"番君庙"（吴芮庙），写了一首长篇七言古诗叙述吴芮的一生："汉定天下封功臣，异姓而王者八国。称忠只一长沙王，生都临湘死庙食。暴虐当时苦秦政，独有番君重民命。抚字能仁杀贱勇，汉家名将秦时令。婚姻早识骊山徒……丈夫功业立天下，生王死神宁苟且？江湖民心亦易得，在尔鄱阳后来者。"

（朱虹　江先贞）

豫章高士徐孺子

徐孺子（97—169），姓徐名稺，字孺子，东汉豫章郡（南昌）人。徐孺子学识渊博，对经学、哲学、天文、算数、历法有深入研究。他亦是道德楷模，品行如玉、重情重义、恭俭谦逊、淡泊宁静，被尊称为南州高士和布衣学者。

一、勤学苦读　满腹经纶

徐孺子出生在世代孺士家庭。由于当时社会动荡不宁，徐家被迫多次迁徙，家境日益贫困，唯有力耕维生，这也培育出徐孺子不耕不食的良好品质。在家庭的熏陶下，徐孺子从小就对学习知识非常用功，加上天生聪慧、记忆过人，9 岁时就能背诵《春秋经》《公羊义例》等一些著作，并展现出不同常人的辩证思维。《世说新语》记载：徐孺子 9 岁时，有一次在月光下和伙伴们玩耍，有人对他说："如果月亮里面什么也没有，那岂不是会更加明亮吗？"徐孺子答："不，就好比人的眼睛里有瞳孔，如果没有瞳孔那一定看不清。"

15 岁时，徐孺子慕名前往槠山（今江西丰城）拜大学者唐檀为师求学。在唐檀的悉心教诲下，徐孺子开始系统学习《颜氏春秋》《京氏易》

等著作，同时兼修风角、星宿、算历、河图、七纬、推步、变易等，这些都是当时汉朝最高学府太学的必修科目。徐孺子在楮山读书的地方，被后人称为徐孺子读书台。清朝的唐光游览读书台后写道：“远览近瞩，层峦环拱，匹练夹飞，幽花细草，娟娟宜人，实为佳境。”

徐孺子雕像

经唐檀的推荐及层层选拔，徐孺子 20 岁时来到洛阳入太学深造，成为一名诸生。东汉时期太学的教师称博士，太学的学生称“诸生”或“太学生”。其间，徐孺子接触到了许多优秀的学者与诸生，先后从师于樊英、黄琼等大儒，也与陈蕃、郭泰等同学建立了深厚的友谊。樊英是当时著名的易学家和术学家，黄琼为人正直、品行高尚，后历任司空、太仆、司徒、太尉等职。徐孺子入太学后，自身学问、德行有了显著提升，慢慢成长为一个饱学之士。不仅对儒家学说的经典之作烂熟于胸，融会贯通，而且对其他各学也驾轻就熟，通晓天文地理、星算河图，了解气象知识，掌握日月星辰运行规律等。

二、看破乱局　坚执不仕

汉代设立太学的目的是求贤养士，为朝廷培养人才，并以此作为教化天下、提高吏治水平的基础。诸生们毕业后，大部分选择走“学而优则仕”的道路，任官为吏。但也有少数选择授徒讲学而为师，徐孺子就是其中的一位。

徐孺子做出这样选择，与当时东汉政治乱局有很大关系。东汉初期，光武帝、明帝、章帝时政治较为清明，社会经济较为安定。但章帝之后从和帝起，每位皇帝都是儿时即位，掌控不了时局，导致外戚、宦官势力开始膨胀，各自结成利益集团并互相争斗、彼涨此消，一大批忠臣志士被打压，甚至杀戮，政治日益黑暗，同时中央对地方的控制逐渐衰弱，造成土地兼并问题日益恶化、豪强割据严重，加上天灾与瘟疫的双重打击，民不聊生，于是纷纷起来造反，东汉逐渐走向灭亡。乱局之风逐渐吹到了当时的太学，到汉安帝时，太学“博士倚席不讲，朋徒相视怠散，学舍颓敝，鞠为园蔬，牧儿荛竖，至于薪刈其下”。对这些乱象，徐孺子看在眼里、痛在心里。加上，徐孺子生性淡泊名利，对做官兴趣本来就不大，他清醒地认识到，在这种乱局中，自己做不到随波逐流、同流合污，也没有必要去做无谓抗争，弄不好就有生命危险，还不如学习自己的良师樊英远离政治，回家潜心传道授业，正如他日后所说的“大树将颠，非一绳所维，何为栖栖不遑宁处”？

徐孺子的担心是有道理的，其好友陈蕃就印证了他的“大树将颠，非一绳所维”的先见之明。陈蕃，东汉名臣，字仲举，汝南平舆人（今河南汝南县人）。“扫天下何须扫一屋”的典故就来源于他。15 岁时，陈蕃自己住的房子里一片狼藉，从来没有清理过，理由是：大丈夫在世，应当以扫除天下为最重要的事，怎么可以只关心一间房子呢？陈蕃从政之后，始终都处在宫廷争斗时的动荡之中，要么与专权的外戚争锋，要么和弄事的宦官相抗，其间还多次被贬。最可惜的是，当他以古稀之年与外戚、大将军窦武共谋扫除为患于朝的宦官势力，由于事败反为所害。

此后，徐孺子曾“四察孝廉、五辟宰府、三举茂才”，“四察孝廉”，是指他四次被察举为孝廉（“举孝廉”是汉朝取士制度，凡是被察举为孝廉的，朝廷将予以重用）；“五辟宰府”，是指他五次回避、谢绝朝廷的征聘；“三举茂才”，是指三次被举荐为“茂才”即秀才，当时为了规避汉光武帝刘秀的名字，将秀才改为茂才。后来，他还一次被“请署功曹”，一次被“举有道”，一次“家拜太原太守”，两次被皇帝以安车、玄勋、蒲轮等极其隆重的礼节征用，徐孺子都不为所动，一律谢绝，坚持自己选定的人生道路。

三、品行如玉　人杰地灵

从太学回来后，徐孺子开始了与世无争的隐士生活，他常自耕稼，非其力不食，传业授道、讲学授徒，恭廉表率、教化乡里，成为当时一座道德标杆。在徐孺子的潜移默化下，当地乡风日益淳朴，以致有失物者，悬以相还，道无拾遗。其子徐季登与其如出一辙，行为敦厚、孝顺父母、友爱兄弟、隐而不仕，当时的豫章太守华歆想请他相见，一直称病不去。徐孺子及后人这种高尚品质甚至得到了当时参与农民起义人们的敬佩，敬其为高士，相约敕不犯其闾。豫章百姓见此情景，纷纷在自家门上挂悬牌匾，上书“孺子故地”“泗水孑遗”“徐氏故里”等，以示与徐孺子沾亲带故，以保平安。

徐孺子对功名利禄看得淡如浮云，从不趋严攀附，就算自己的良师与友人当大官也不例外，尽量与他们保持一定距离。同时，他非常重情重义，常怀感恩之心，当别人遇到困难时会力尽所能给予帮助；每逢良师或友人逝世，总是不辞辛苦、亲往吊念。《海内先贤行状》评价说：徐孺子“征聘未尝出门，奔丧不远万里”。就如自己的良师黄琼进入官场，后官至三司，炙手可热；但徐孺子却因此与他断了来往，谓“道不同不相与谋”。但得知黄琼谢世后，徐孺子不远千里、前往悼念，以报知遇之恩。谢承《后汉书》生动记载：“前后为诸公所辟，虽不就，及其死，万里赴丧。尝预炙鸡一只，以棉渍酒中，曝干，以裹鸡。径到所赴冢隧外，以水渍棉，使有酒气。斗米饭，白茅为藉，以酒置前。酹酒毕，留谒即去，不见丧主。”在得知先师唐檀身染沉疴、卧床不起，徐孺子多次前往看望问候。唐檀病故后，徐孺子亲自操办其丧事，哭葬尽哀。每逢清明时节，徐孺子都会去唐檀墓地祭扫。对于唐檀的后人，徐孺子也总是每每接济，尽力照顾。

徐孺子品行如玉、学识渊博，深得黄琼、陈蕃等人欣赏，他们多次向朝廷举荐，希望徐孺子能与他们一道匡扶汉室，成就一番事业。有一次，汉桓帝刘志问陈蕃：“徐稚、姜肱、韦著孰为先后？”陈蕃答：“肱生于公族，闻道渐训；著长于三辅礼仪之俗，所谓不扶自直，不镂自雕；至于稚者，来自江南鄙薄之域，而角立杰出，宜当为先。”通过当时名士之间对比，更加生动地表明了徐孺子当时的声望和地位。陈蕃任豫章郡太守时，按照礼节请求徐孺子出任功曹一职，徐孺子无法直接拒绝，只好先去拜见后再推辞回家。为表示对徐孺子的求贤若渴，陈蕃在家专设一榻，孺子来时才打开，走后即收起。自古以来，有贤人很多，求贤人亦不在少数，但像陈蕃设专榻之举实属罕见。以致唐初四杰之首王勃在举世闻名的《滕王阁序》中大加感叹：“人杰地灵，徐孺下陈蕃之榻。”

南昌孺子路

需要强调的是，赞江西人杰地灵，仅举此一例。

四、淡泊宁静　趋于至善

纵观徐孺子一生，他虽未做出一件惊天动地的大事，也未留下一篇世代相传的宏文，所作所为显得那么平常，但他勤学苦读、完善自我、道德至上的精神是清雅高尚的，特别是在当时非仕即农的社会中，更是显得与众不同、鹤立鸡群。唐代诗人张九龄在任洪州刺史时，曾写下《后汉征君徐君碣铭》：“先生经修于世，纯俭以存戒，博爱以体仁，应物以会通，全己以归正，汉廷所以宗其德，天下所以服其行，岂与彼数子直逆庭而已哉？”北宋散文家曾巩在瞻仰徐孺子祠堂之后，不禁发出感慨：“汉至今且千岁，富贵堙灭者不可称数。孺子不出闾巷，独称思至今。”两人的字里行间，均对徐孺子充满了敬意与虔诚。

汉灵帝建宁二年（169），徐孺子病故，享年 72 岁。为纪念和弘扬徐孺子，从三国、晋代开始，历代都对徐墓进行修缮维护，并建造亭台、祠堂等设施。张九龄、杜甫、曾巩、苏辙、黄庭坚、杨万里、朱熹、刘克庄、文天祥、赵孟頫、解缙、袁

南昌孺子亭公园

枚等文化名人，也先后慕名来南昌凭吊吟咏，并留下了许多感人诗句。其中，朱熹写道：“孺子高风何处寻，东湖台观水云深。生刍一束人如玉，此日清凉万古心。”明代万历年间，江西提学副使朱廷益模仿山东曲阜“祭孔”之例，在江西创立公祀徐孺子的“祭徐”制度，并一直延续到清初。当今，南昌市的孺子路、孺子亭公园、孺子亭、高（士）桥、孺子亭小学等均是以徐孺子命名的。其中，孺子亭位于南昌市西湖区的孺子亭公园，为重檐六角攒尖式，周边绿化景观布局富有文化底蕴，较好地再现了“豫章十景”中“徐亭柳烟”景观。

为研究和宣传徐孺子，弘扬中华传统美德与孺子精神，南昌成立了徐孺子研究会。1997 年，南昌隆重开展了纪念徐孺子诞生 1900 周年系列活动，时任全国人大常委会副委员长费孝通题书“中华人杰徐孺子”，范徐丽泰、陈香梅、徐国炯等海内外知名人士纷纷发表高度评价孺子精神的纪念文章。时至今日，弘扬孺子精神仍有很强的现实意义。进入新时代，人们思想活动的差异性、选择性、多样性不断增强，价值取向、道德观念复杂多变，我们要努力引导人们坚持社会主义核心价值观，把提升个人德行和人格完美作为人生的目标，行胜于言，趋于至善，让孺子精神绽放出新的风采。

宋词初祖晏殊

晏殊(991—1055),字同叔,江西抚州临川文港(今南昌市进贤县)人。北宋著名政治家、文学家。晏殊自幼聪颖,被称为“神童”,14岁中进士,历任太常寺奉礼郎、光禄寺丞、户部员外郎、太子舍人、翰林学士、参知政事加尚书左丞、礼部尚书、刑部尚书、兵部尚书、同平章事兼枢密使。病逝后宋仁宗亲临丧事,封临淄公,谥号元献。晏殊以词著于文坛,尤擅小令,风格含蓄婉丽,与其第七子晏几道被称为“大晏”和“小晏”,又与欧阳修并称“晏欧”。晏殊一生写词万余首,但大部分已散失,仅存《珠玉词》130余首传世。

诚实神童:“臣尝私习此赋,请试他题”

晏殊生来天赋异禀,7岁就能作诗。宋真宗景德元年(1004),江南安抚使张知白来抚州巡视时听说了此事,立即将晏殊召来面试,果然名不虚传。晏殊虽年方总角,却机敏过人、对答如流。惜才的张知白便将晏殊以“神童”名义推荐给了朝廷。第二年,恰逢朝廷开科取士,14

岁的晏殊与来自全国各地的千余名考生一同参加殿试。考场之上，晏殊面对这些在年龄上称得上是他兄长、伯叔乃至祖父的竞争对手，毫无怯场之态。他沉稳作答，“神气不慑，援笔立成”，宋真宗对他赞赏有加，赐其同进士出身。当朝宰相寇准上奏说：“晏殊是江东人氏。”江东五代时属南唐，乃宋朝的敌国，寇准的意思是提醒皇帝不可重用晏殊。皇帝却说：“唐时名相张九龄难道不是江东人氏吗？”断然否决了寇准的提议。

晏殊像

过了两天是诗、赋、论的复试，晏殊发现这个题目恰好是他曾经做过的，就上奏宋真宗说“臣尝私习此赋，请试他题”（这个题目我之前做过，请用别的题来测试我）。宋真宗觉得这位少年很独特且老实厚道，也想看看他的真实水平，于是命人重新出题。晏殊再次拿到题目后，略作思考，便引经据典、洋洋洒洒，一篇精彩文章迅速“出炉”。他的诚实与才华得到了真宗皇帝的欣赏，殿试过后，晏殊被赐予秘书省正字，并留在秘阁读书深造。因为晏殊非常年轻，朝廷十分注意对他的考察，“命直史馆陈彭年察其所与游处者”，见晏殊交往的都是品德、文章俱佳之人，朝廷对他也就愈加放心了。从此，晏殊在其仕途上一步一步走向巅峰。

宋朝初期天下太平，国家强盛，百姓富足，朝廷上下一派歌舞升平，上至达官贵人，下至庶族黎民，都忙着宴饮游乐。唯独晏殊与众不同，终日将自己关在家中，一心只读圣贤书，两耳不听靡靡音。宋真宗得知情况后，认为他勤读书，不喜游乐、品性好，遂让他做太子舍人，教太子读书。当皇帝告诉晏殊选配他的理由时，诚实的晏殊却直言不讳地说："臣并不是不喜欢宴游，只是因为贫穷才没有去。"宋真宗不但没有生气，反而对晏殊的诚实品性更加认可，不久便将他升迁为太常寺奉礼郎。

太平宰相：辅政"忧勤国家"、识人"益务进贤材"

晏殊不仅聪明好学，而且做事严谨。真宗皇帝每次向晏殊询问政事时，晏殊都会用巴掌大的方块纸以蝇头小楷书写意见，等到答奏完毕后，就将纸片封好呈交皇帝，皇帝非常看重他缜密审慎的作风。大中祥符年间，晏殊的父亲病逝，按照朝中惯例，身为人子，晏殊必须辞去官职，为父守制。但丧期未满，宋真宗思他成疾，竟一纸诏书，将晏殊召回京城。同时真宗命令淮南官员一路护送其母至京都供养。之后，晏殊母亲又过世，晏殊请求回老家守孝，真宗不许，反而升其任太常寺丞，后又提升为左正言、直史馆，做了升王府记室参军。年中时，晏殊迁升为户部员外郎，任太子舍人，不久又做了知制诰、判集贤院。

乾兴元年（1022），年仅13岁的仁宗继位，根据先帝"军国事兼权取皇太后处分"遗诏，刘太后临朝听政。宰相丁谓、枢密使曹利用都想独自向太后上奏言事，方便专擅朝政。朝中众臣摄于他们的权势，无人敢非议。关键时刻晏殊挺身而出，进言道："群臣奏事太后者，垂帘听之，皆毋得见。"提出了"垂帘听政"的建议。这一建议得到了大臣们的支持，对稳定时局起到了重要作用，于是晏殊迁右谏议大夫兼侍读学士。即便如此，刘太后仍然觉得晏殊乃太子的旧臣，对他的恩惠还不够，于是增任给事中。预修《真宗实录》时，晏殊升任礼部侍郎，又被授予枢密副使一职。

明道元年（1032），晏殊升任参知政事（副宰相）加尚书左丞。景祐五年（1038），西夏国李元昊称帝，并出兵陕西一带，而宋将屡屡败退。晏殊全面分析当时的军事形势，从失利中找寻原因，针对存在的问题，奏请仁宗后，办了四件加强军备的大事：一是撤消内臣监军，使军队统帅有权决定军中大事；二是召募、训练弓箭手，以备作战之用；三是清理宫中长期积压的财物，资助边关军饷；四是追回被各司侵占的物资，充实国库。由此，边境的战局立刻发生了扭转，宋军很快平定了西夏的进犯。庆历二年（1042），晏殊再次获得擢升，以枢密使加平章事，当上了北宋的宰相。第二年，以检校太尉刑部尚书同平章事，晋中书门下平章事，集贤殿学士，兼枢密使。

晏殊多年身居要位，始终唯贤是举、慧眼识人。韩琦、富弼、欧阳修等皆经他栽培、荐引，都得到重用。《宋史》说他"平居好贤，当世知名之士，如范仲淹、孔道辅皆出其门""及为相，益务进贤材，而仲淹与韩琦、富弼皆进用，至于台阁，多一时之贤"，君子进用，则小人退却，士风为之一新。晏殊当政时期选拔重用的这些贤才名士革新除弊、励精图治，共同辅佐仁宗皇帝造就了后世赞誉的"四海雍熙，八荒平静，士农乐业，文武忠良”的“仁宗盛治”。

三度被贬：“殊性刚简”“时以谓非殊罪”

欧阳修曾形容对自己有知遇之恩的老师晏殊“富贵优游五十年”。此话不假，晏殊一生仕途通达，似乎每一个阶段都很顺利：少年得志，中年富贵，晚年安宁。但他并非没有遭遇过磨难，为官期间，晏殊也曾三度被贬：1027 年因反对张耆升任枢密使被贬；1033 年因谏阻刘太后穿衮服拜谒太庙越礼被贬；1044 年因被谏官重提当年“狸猫换太子”旧事而惹怒仁宗，再度被贬。

第一次被贬：天圣三年（1025），权倾朝野的刘太后想提拔张耆为枢密使，为人率真刚毅的晏殊立即上书反对，因而惹怒了刘太后。加之有一次去玉清宫时侍从拿着朝笏在他之后才赶来，晏殊一怒之下用朝笏撞折了侍从的门牙，御史大夫就此事上奏弹劾晏殊。天圣五年（1027），晏殊以刑部侍郎贬知宣州，后改知应天府。

第二次被贬：明道二年（1033），刘太后已经掌权十余年，准备效仿武则天。当年刘太后拜谒太庙，有人奏请太后穿衮服（天子举行国家大典穿的衣服）去行祭祀之礼。刘太后征询晏殊的意见，晏殊用《周官》中规定的太后服饰回答，明确告诫太后，礼制不可乱。刘太后见没有得到她想要的答案，便下了一道懿旨，将晏殊以礼部尚书罢知亳州、徙陈州，这次被贬外放历时 5 年。

第三次被贬：这一次贬谪的原因则与后世民间流传的“狸

猫换太子”故事有关。宋真宗大中祥符三年（1010），刘娥（即刘太后）安排庄重寡言的侍女李氏担任真宗司寝，为宋真宗生下了当时唯一的皇子。皇子还在襁褓中，刘娥就将他据为己有，由杨淑妃抚养，皇子的生母李氏后来被刘太后晋封为宸妃，这位皇子便是日后的宋仁宗赵祯。明道元年（1032），李宸妃去世，晏殊因文才绝佳，奉命撰写墓志。当时仁宗年少，刘太后执掌大权，晏殊自然不能写出真相。关于宸妃的子嗣，晏殊仅写下只言片字，“生女一人，早卒，后无子及”，隐去了那段讳莫如深的宫闱秘史。庆历四年（1044），54岁的晏殊被谏官重提“狸猫换太子”旧事所弹劾，谏官指责晏殊明知仁宗为宸妃所生，却在其墓志铭中只字不提。这虽然不是晏殊的过错，但对于仁宗而言，身世已是埋在心底永远的痛。为了给生母一个说法，大怒之下的仁宗只得降罪于晏殊，晏殊也就踏上自己的第三次贬职之路。被贬出京城的晏殊，先后在颍州、陈州、许州多地辗转，直到10年后因身患重病，急需名医治疗，才得以恩准回京。

纵观晏殊的一生，从14岁入京为官，入仕50年，但外放时间长达16年，近三分之一的时间在贬谪外放之中。但无论身处何方、官居何位，晏殊都能做到宠辱不惊、安之若素，始终如一忠于朝廷、造福黎民。比如，天圣五年（1027）晏殊被贬应天府（今河南商丘）任知府，期间他大力发展文化教育，特别是全力扶持应天府书院，力邀范仲淹到书院讲学，培养了大批人才，该书院（又称“睢阳书院”）与白鹿洞书院、石鼓书院、岳麓书院合称宋初四大书院。这是自五代以来，学校屡遭禁废后，由晏殊开创兴办教育之先河。庆历三年（1043）在宰相任上时，他又与枢密副使范仲淹一起，倡导州、县立学和改革教学内容，官学设教授。自此，京师至郡县，都设有官学，出现了史上有名的“庆历兴学”。

富贵词人：“余每言富贵，不言金玉锦绣，唯说气象”

词是五代以来逐渐兴起的一种文体，至宋代进入了它的全盛时期。宋词是继唐诗之后中华文化的又一座高峰。而在北宋初期晏殊的词，无论是在质量、数量和影响力上都是最高最广的。《宋史》称晏殊“文章赡丽，应用不穷，尤工诗，闲雅有情思”。这里所说的“诗”，广义上也包括词在内。冯煦《蒿庵词话》称晏殊为“北宋倚声家初祖”，意即宋词真正的发端是从晏殊开始的，他被公认为“宋词先锋”，可称为宋词重要的奠基人。可以说，晏殊在文学上的成就更超政治。

读晏殊的词，总给人一种美好安然的感觉，闲适中透着典雅，婉约中透着阔达，将理性之思致，融入抒情之叙写之中。“一曲新词酒一杯，去年天气旧亭台。夕阳西下几时回？无可奈何花落去，似曾相识燕归来。小园香径独徘徊。”这首大家耳熟能详的《浣溪沙·一曲新词酒一杯》，抒发了作者对自然的感悟和对人生的思考：站在旧日的亭台中，听新曲饮美酒，天气仿佛与去年相同，却有些不同，物是人非，夕阳正落；无人能阻止夕阳落下，正如无人能阻止时间的流逝一样，所以，我们需要做的，就是学会珍惜时光、珍惜当下……其中“无可奈何花落去，似曾相识燕归来”，可谓历代盛赞的名句。有人认为是一种消极思想的表达，实际上他要说的是很多情况是事物发展的规律所决定的，不以人的意志为转移，但人们可以认识规律，掌握规律，并注入新的生命元素，以积极进取的人生态度创造新的生活。

将人生哲理蕴藏于风景描写之中，是晏殊常用的写作手法之一。清代著名学者王国维在《人间词话》中说："古今之成大事业、大学问者，必经过三种之境界：'昨夜西风凋碧树。独上高楼，望尽天涯路'。此第一境也。""昨夜西风凋碧树，独上高楼，望尽天涯路。"语出晏殊的《蝶恋花·槛菊愁烟兰泣露》。此词写深秋怀人，是宋词的名篇之一，也是晏殊的代表作之一。"昨天夜晚时分，刮来一阵猛烈的秋风，使得碧绿的树叶凋零殆尽，我独自登上高楼，眺望着漫漫的长路，心中顿生迷惘和凄凉之感。"词句表面上是在说时序的交替，景物的变化，本质上是写人事的沧桑，情致深婉而又寥阔高远。王国维借此来感叹世事的变幻无常，也意在说明做学问和成大事业初期的迷茫。

晏殊生活在被后世誉为"圣明有道唐虞世，日月无私天地春"的太平盛世，加上他长达50年的仕宦生涯，直至位极人臣，所以，在他清雅高洁的词作中，总是透出一股富贵气息。《浣溪沙·小阁重帘有燕过》："小阁重帘有燕过，晚花红片落庭莎。曲阑干影入凉波。一霎好风生翠幕，几回疏雨滴圆荷。酒醒人散得愁多。"一位富贵之人坐在阁中，看到重重的门帘外面有燕子飞过，昨夜花落，红色花瓣在亭子里铺了一地。他走到弯曲的栏杆边，望着池中的倒影，一阵风令他感到一丝寒凉。

随着风吹来的方向看去，他看到碧绿的帘幕，还有敲打在荷叶上的雨滴……富贵闲愁之气可谓扑面而来。

晏殊吟咏富贵，但从不夸金耀玉。王庆孙写“轴装曲谱金书字，树记花名玉篆牌”，他很瞧不起，说“此乃乞儿相，未尝谙富贵者”；寇准的炫富帖“老觉腰金重，慵便枕玉凉”，他毫不留情地说这样的诗句“未是富贵语”。那么，在晏殊眼里真正的富贵是什么样子呢？“楼台侧畔杨花过，帘幕中间燕子飞。梨花院落溶溶月，杨柳池塘淡淡风。”朱帘、炉香、亭台、庭院、池塘，飞燕、梨花、杨柳、清风、明月。这等优渥闲适、这等景致意象，才是真正的富贵人家！这也是为什么晏殊被后世称为“富贵词人”。

我国词史上名家如林，但是父子并称而又足以影响一代风气的词人只有两对，这就是“南唐二主”的李璟、李煜和北宋的晏殊、晏几道。晏氏父子因其交相辉映的艺术成就而被词话家们合称为二晏或大、小晏。晏殊 47 岁时，迎来了他的第七个儿子晏几道。晏几道自幼潜心六艺，旁及百家，尤喜乐府，文才出众，深得其父同僚之喜爱。晏几道最为人称道的作品，便是那首《临江仙·梦后楼台高锁》：“梦后楼台高锁，酒醒帘幕低垂。去年春恨却来时。落花人独立，微雨燕双飞。记得小苹初见，两重心字罗衣。琵琶弦上说相思。当时明月在，曾照彩云归。”这首词中最妙的就是“落花人独立，微雨燕双飞”，词句借用了五代诗人翁宏《春残》中的诗句，可如今谈起这千古名句，几乎很少有人提及翁宏，只知是晏几道的“专利”。晏殊父子二人在大宋文坛风生水起，美名传扬天下。

至和元年（1054），64 岁的晏殊因病回京，病愈后再次请求出守。但仁宗皇帝特意把他留在身边，为自己讲经释义，并让他 5 天到自己这里来一次，按宰相的规格对待他。过了一年（1055），晏殊疾病加剧，仁宗要亲自去探访病情。晏殊立即派人飞驰上奏说："臣无非是老毛病又犯了，很快痊愈，不足以让陛下担忧。"不久后竟遗憾地病逝。悲痛不已的宋仁宗亲自前去哀悼，但仍愧疚没能见老师最后一面，于是特地罢朝两天，追赠晏殊为司空兼侍中，并亲自在他的墓碑碑首刻上"旧学之碑"（意为传统文化的楷模）四个大字，对晏殊的一生给予了极高的评价。

（朱虹　江先贞）

文坛宗主欧阳修

欧阳修（1007—1072），北宋著名政治家、文学家，字永叔，吉州永丰（今江西省永丰县）人，号醉翁，晚号“六一居士”，以“庐陵欧阳修”自居，谥号文忠，世称欧阳文忠公。官至翰林学士、枢密副使、参知政事，累赠太师、楚国公。后人将其与韩愈、柳宗元和苏轼合称“千古文章四大家”，“唐宋八大家”之一。欧阳修是北宋时期文甲天下，举国公认的文坛领袖，宋史评价为“天下翕然师尊之”。

一、命运多舛义凛然

欧阳修自幼出身贫寒，生活异常艰辛。景德四年（1007）欧阳修出生时，其父欧阳观已经 56 岁高龄，属于老来得子。但不幸的是 3 年后，父亲逝于泰州判官任上。欧阳观为官清正廉洁，为人乐善好施，致使家无余财，欧阳修与母亲郑氏只得相依为命，到湖北随州投奔叔叔欧阳晔。欧阳晔也是一位清官，家里并不富裕，好在母亲郑氏受过良好教育，可以教欧阳修读书写字。但由于家境贫穷，买不起笔和纸，郑母就用芦苇秆在沙地上教欧阳修读书写字，从此“画荻教子”的故事开始在民间流传。母亲的睿智卓识让欧阳修在苦难的幼年获得了基础教育。

欧阳修天资聪颖，自幼喜爱读书。常常从城南儿时伙伴李尧甫家借书抄读，往往书还没抄完，就已经开始能够诵读。“自幼所作诗赋文字，下笔已如成人”，其叔非常高兴，宽慰郑氏夫人说：“嫂无以家贫子幼为念，此奇儿也，不惟起家以大吾门，他日名重当世。”10 岁那年，欧阳修在李家的故纸堆里，发现了六卷残破不全的《昌黎先生文集》，如获至宝，在征得李父同意后，欧阳修把书借回家里，工工整整抄录下来，手不释卷，在他心里播下了一颗诗文革新的“火种”。

欧阳修的科举之路可谓坎坷，一波三折。欧阳修受韩愈文风的影响，让他在科举考试的路上连栽了两个“跟斗”。1023 年（仁宗天圣元年），17 岁的欧阳修首次参加随州州试，因为韵律不合而落榜；3 年后，他再次参加州试并通过，然后由随州荐名参加 1027 年（天圣五年）春天的礼部贡举，又一次因为“不合时宜”而落榜。1029 年（天圣七年）春，经胥偃推荐，欧阳修参加国子监考试获得第一，同年秋参加国学解试又获得第一，第二年参加礼部省试又获得第一，欧阳修“连中三元”，一时名动天下。

欧阳修的仕途之路可谓崎岖，屡被贬谪。1030 年（天圣八年）三月，在仁宗皇帝主持的殿试中二甲进士及第，位列第十四名，被授任将仕郎、试秘书省校书郎、充任西京（洛阳）留守推官，从此走上仕途。但欧阳修的仕途之路并不平坦，屡遭贬谪。在他的仕宦生涯中，不止一次遭到贬黜。但前二次贬黜都与范仲淹有关。欧阳修在庙堂之上，刚正凛凛，与范仲淹有着相同的政见。看到范仲淹受到贬谪，他挺身而出，有着“死不失义”的勇气，义正词严，直言敢为、不计祸患，其“毅然自守，不为富贵易节”的凛然正气也得到了人们赞扬。欧阳修从天圣及第、夷陵之贬至庆历回朝，滁州之谪再到至和回京、移知青州等地，一生三起三落，屡遭诬陷贬谪，而终不改其义然节操，显示了其大义凛然的人格魅力。王安石曾评价他“果敢之气，刚正之节，至晚而不衰”，赞叹之情溢于言表。

总之，欧阳修童年的苦难、勤奋学习的精神、仕途的磨难和独特的人格魅力，不仅影响了一代士风和学风，还吸引了众多的同僚和门生集中在他周围，为他成为文坛宗师奠定了良好基础。

二、文坛宗主领风骚

欧阳修作为北宋诗文革新运动的杰出领袖，领导了诗文革新运动，在文坛上独领风骚，开创了一代文风，为宋代文坛带来了一股欣欣向荣的风气，奠定了其文坛巨擘的地位。

1. 在文学主张上提出“文道并重”。

北宋诗文革新是继唐代古文运动后而掀起的一场文学改革运动。欧阳修为改变宋初文坛华而不实无病呻吟的文风，他高举“古文”大旗，在继承韩愈“文以载道”文学理论的基础上，提出了“文”与“道”并重的观点，开创出一种新的散文风格，令人耳目一新，直接推动北宋文化攀上中华文化的“高峰”。

永叔公园欧阳修雕像

2. 在创作实践上提倡平易生动。

欧阳修启蒙时期学的都是“古文”，即“散文”，散文与骈文完全不同，它重内容，喜用单句且不讲求韵律。欧阳修曾因科举考试时写“古文”而两次科举落榜。因此，欧阳修十分懊恼，利用一切机会“推销”“古文”，直接阐明“时文”的危害，明确要求改变文风。但他在创作实践上，摒弃了翰愈文章怪奇难懂的一面，从平易近人出发，倡导平实简朴文风，不用冷僻之字，借用骈文句式的长短变化，注意文句之间的联系和衔接，使语句轻快通畅，展现了其“文从字顺”的一面，建立起平易流畅、含蓄婉转的风格，从而开创了一代文风。

3. 在文风转变上消除文坛积弊。

北宋初期，浮靡的“西昆体”和险怪的“太学体”大行其道，科举考试重“骈文”，注重形式，要求对偶用典堆砌辞藻，尤其重视韵律。这种一味好奇尚怪、粉饰太平的文风风靡整个文坛。到仁宗时期，欧阳修主持科举考试，以“贡举”为“指挥棒”，恢复以“古文”取士。此举犹如一枚炸弹震动了浮糜的北宋文坛，让那些一心想金榜题名的考生纷纷改弦易辙，开始认真钻研“古文”，从而考场上已经看不到哗众取宠的“四六时文”，“太学体”的领袖刘几改名“刘辉”竟然高中“状元”，北宋文坛风气由此为之一新，扭转了多年以来的文坛积弊。

4. 在改革方向上注重统筹推进。欧阳修把文风、学风和政风的变革统一起来作为社会变革的重要手段。他认为，要实现整个文风的改变，必须依靠“顶层”推动，他频频上书，提出改革主张。建议仁宗皇帝通过改革科举取士标准，“倒逼”士子改变文风，通过改变文风进而改变政风，通过改变政风提高治理效率，从而彻底扭转吏治腐败、奢靡成风、积贫积弱的政局，达到“富国强兵”的根本目标。

总之，欧阳修在北宋诗文革新中发挥了中流砥柱的作用。在他的主持和倡导下，改变了北宋文学发展的基本走向，使得宋初艰僻险怪、淫靡浮弱的文风得以转变，开启了宋代文坛令人耳目一新的风貌。

三、诗文盖世耀文坛

欧阳修以文章名冠天下，一生诗文成果颇丰，成绩斐然。作为宋代第一家，被尊为“一代文宗”。以《欧阳修全集》统计，其诗今存 882 首，散文有 2220 篇，“文章一出，天下士皆向慕，学之犹恐不及，使得一时文风大变”，对后世的文风和文学产

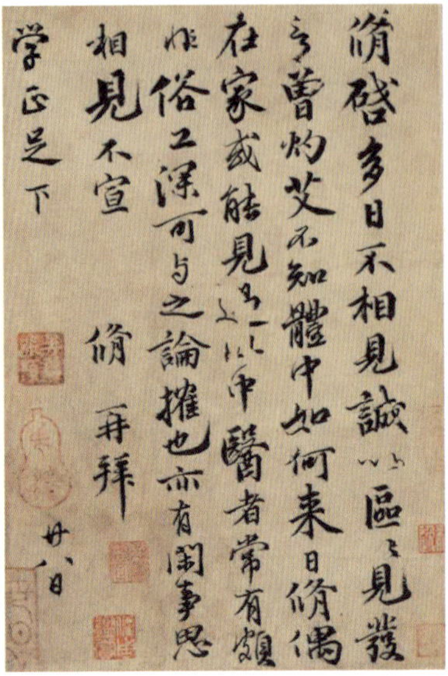
欧阳修书法

生了深远的影响，光耀着整个北宋文坛。

在诗歌方面，欧阳修继承了白居易和韩愈的传统，从梅尧臣坎坷的遭遇中提出了“穷而后工”的创作主张，认为诗人“内有优思感愤之郁积，其兴于怨刺”，才能感受真切，写出“人情之难言”的作品。欧阳修“穷而后工”的创作主张从诗歌创作、社会生活和诗人独特的生活经历等方面，深刻阐述了作家的生活道路与创作的关系，将作家的生活境遇、情感状态和诗歌创作的形式联系起来，注重真实的内容与相应的辞采相结合。其诗主要分为三类：一是反映劳动人民生活的现实题材，如《边户》；二是表现自己的生活境遇和个人情怀之作，如《别滁》；三是反映风土人情的咏史诗，如《望江南·江南柳》。其中的代表作是《生查子·元夕》，写的是元宵节观感，最有名的两句是“月上柳梢头，人约黄昏后”，表现了当月儿升起在柳树梢头，他约我黄昏以后同叙衷肠的喜悦心情。

在散文方面，欧阳修受儒家思想的影响，提出“文道”并重的文学思想，把文学形式与思想内容相提并论，大大地提高了文学的地位。欧阳修在散文创作方面成就最高，对后世的影响也最大。他继承了韩愈“文从字顺”的特色和章法结构，其散文内容充实、形式多样，创作理论与实践相辅相成，形成了简约有法、迂徐有致、平易畅达、圆融轻快的写作风格，文章皆为有感而发。其散文有三大特点：一是文体多样，有政论文、史论文、记事文、抒情文和笔记文等多种文体，议论、叙事和抒情兼备；二是吸收了“古文”与骈文之长处，对四六体也进行了革新，确立了文赋新形式；三是创作富于变化，开阖自如，具有和谐的韵律感，创造了一种平易自然的新风格。其中写景叙事散文是欧阳修散文的突出成就之一，《醉翁亭记》是此类散文中的佳作。《醉翁亭记》写于滁州，文章围绕“乐”字而展开，让作者沉“醉”在山水美景和与民同乐之中，把写景、叙事、抒情巧妙地融合在一起，借山水之乐来排遣谪居生活的苦闷，富有诗情画意。文中各句都以“也”字落脚，创造性地连用21个“也”字，形成了一唱三叹、余音缭绕的韵律回环美，别具清新格调。《醉翁亭记》可以说是一首优美的散文诗，典范地代表其一唱三叹的“六一风神”散文美学风格，其中“醉翁之意不在酒，在乎山水之间也”的名句是宋之后历代文人的必引之句，比喻本意不在此，而在别的方面。此文也是欧阳修文风成熟的标志。

总之，欧阳修领导了诗文革新运动，在当时的文人群体中具有强大的号召力，其诗文成就引领一代文风，闪耀着整个宋代文坛，奠定了宋代文化盛世的基础，在中国文学史上有着重要地位。苏轼评价其文说：“论大道似韩愈，论本似陆贽，纪事似司马迁，诗赋似李白。”

四、千古伯乐荐贤才

欧阳修作为文坛宗师，不仅文章锦绣，而且独具慧眼，对有识之士极尽赞美，甘为人梯，竭力推荐，使当时一大批默默无闻的青年才俊脱颖而出，为国荐才，名垂后世，堪称千古伯乐。

北宋时期，文风郁郁，雄才辈出，灿若星辰，这与欧阳修对人才的大力提携分不开。正因为欧阳修堪为人师的道德文章，才有了黄庭坚、秦观、晁补之、张耒等文坛巨匠和张载、程颢、吕大钧等旷世大儒。欧阳修一生桃李满天下，连包拯、韩琦、文彦博、司马光也曾经是他的弟子，得到过他的赞赏与推荐。最为难能可贵的是唐宋八大家中苏洵、苏轼、苏辙、王安石、曾巩五人，均以布衣之身被他相中和提携，从而名扬天下，成为当时文坛主将。正如陈寅恪评价欧阳修所说：“贬斥势利，尊崇气节，遂一匡五代之浇漓，返之淳正。故天水一朝之文化，竟为我民族遗留之瑰宝。”

1. 提携曾巩，发现苏轼。

曾巩少年成名，擅于策论，对科举之文不屑，屡试不第。曾巩在考试失利后，通过家世渠道给欧阳修写了一封自荐信，由此得到欧阳修的接见。曾巩以一篇《时务策》献给欧阳修，欧阳修读罢大为赞叹，“过吾门者百千人，独于得生为喜”，遂收曾巩为徒，悉心栽培，最终考中进士，名满京城。欧阳修与苏轼可以说是“伯乐”与“千里马”的关系。欧阳修发现苏轼有一段小小的波折。欧阳修担任京城会考主审官时，因担心一篇奇文为自己的学生所作，怕授人口实，将苏轼本来可以获得第一的文章列为第二，直到发榜时，欧阳修才知道实情，心里十分愧疚，但苏轼却从不计较，还与欧阳修结为忘年交。苏轼的出众才华和宽广胸怀让欧阳修赞叹不已，“老夫当避路，放他出一头地也”，正式收苏轼为弟子。此后，欧阳修与苏轼一起成为北宋文坛耀眼的双星，携手铸造了北宋文学的辉煌。

2. 改革科举，为国选才。

欧阳修针对北宋科举制度存在的弊端，上书仁宗皇帝，提出了许多改革科举考试的主张。嘉祐二年（1057），欧阳修在知贡举期间进行了改革尝试，通过改变科举取士标准，对西昆体与太学体进行坚决整顿，变诗赋取士为策论取士，为朝廷选拔出了大量的优秀人才，曾巩、曾布、程颢、朱光庭、吕惠卿等均为嘉祐二年贡举进士。嘉祐四年（1059），欧阳修再次担任主考官主持科举考试，继续整顿文风，明确要求文章必须平实质朴、言之有物，凡华而不实、奇涩险怪者，一律不取。这使得一心想要金榜题名的读书人纷纷改弦易辙，考场上再也看不到哗众取宠的“四六时文”，北宋文坛文风为之一新。欧阳修在大力改革文风的同时，十分注重发现和选拔人才。北宋嘉祐二年科举共录取进士 388 人，《宋史》有传的有 22 人，三品以上高官有 9 人，副宰相以上有 7 人，堪称科举史上的盛举。

3. 心胸开阔，推贤荐能。

宋代人才辈出，群星灿烂，与欧阳修的学识、眼光和胸怀密不可分。欧阳修曾经担任谏官和吏部流内铨，有权评论时政和朝臣的功过，对地方官员的升降赏罚起着决定性作用。但他心无旁骛、秉公用权，荐人出以公心，外举不避仇，培养提拔了一大批新人，经他举荐的贤能不计其数，文坛上有“唐宋八大家”中的宋代五位文学家，还有宋朝几大学术流派的重要人物，如“洛学”的程颢，王安石“新学”的重要成员吕惠卿、曾布等。政坛上欧阳修向宰相杜衍推荐曾巩，后又恳请皇上予以重用，结果曾巩晋升为实录检讨官，成为朝廷名臣。嘉祐六年，欧阳修任参知政事，不计前嫌，向宋仁宗皇帝推荐了政见不同、与他有些矛盾的吕公著、司马光、王安石三个可任宰相人选，其人格魅力世人无不敬仰，其死后被追封为太子太师，后来又被皇帝赐号“文忠”。

总之，欧阳修爱才心切、求才若渴、举才之功，无与伦比，正如《宋史·欧阳修传》所说，“奖引后进，如恐不及，赏识之下，率为闻人”。世人称之为千古伯乐实不为过。

义通古今，学传中西。欧阳修作为中国文化史上名垂千古的文学家、史学家、百科全书式的大学者，不仅对中国文学产生了巨大影响，而且对世界文坛也产生了广泛而深远的影响。早在14世纪中叶，欧阳修的作品传入周边邻国，日本、朝鲜等国开始翻译研究其诗文，大受欢迎。19世纪后期，欧阳修的诗文传入西方，先后被译成英、德、法等国文字，散文《醉翁亭记》收入世界文学简史丛书，在世界文坛上享有盛誉。

（朱虹　龙溪虎）

改革家王安石

王安石（1021—1086），江西临川（今江西抚州）人，字介甫，号半山，世人又称王文公，北宋著名改革家、政治家、教育家和文学家。王安石生活在北宋开始走向衰落的时期，一生两次担任宰相，两次被罢免，有着两起两落的传奇人生。他出生于仕宦家庭，从小天资聪颖，博览群书，记忆惊人，下笔成文。随父亲宦游各地，深刻了解民间疾苦，并逐渐产生为民报国的远大志向。庆历二年（1042），王安石考中进士第四名，授淮南节度判官。任满后，调为鄞县知县，政绩卓著。嘉祐三年（1058），上万言书，系统地提出了变法主张。治平四年（1067），宋神宗即位，深得神宗器重，诏为翰林学士兼侍讲。熙宁二年（1069），任参知政事，次年拜相，主持变法。熙宁七年（1074），因守旧派反对，罢相。一年后，被神宗再次起用，旋又罢相，退居江宁（今南京）。元祐元年（1086）四月，病逝于钟山，追赠太傅。绍圣元年（1094），获谥“文”，故世称王文公。政和三年（1113），宋徽宗追封王安石为舒王，配享孔庙。后至靖康元年（1126），又被追夺王爵，毁去配享的画像，降王安石从祀于庙廷。

一、初露锋芒的改革家

王安石 21 岁考中进士步入官场以来，在近 30 年主政地方的生涯中，对地方治理进行了一些改革尝试和探索，1059 年写了著名的《上仁宗皇帝言事书》，提出了全面改革的主张，为后来的熙宁新法勾画了一幅初步的蓝图。

庆历二年（1042），王安石进京应试科举，因文思精妙、落笔如花，被主考官相中为状元，却因卷中的一句“孺子其朋”，被认为对皇上不恭，引起仁宗皇帝不满，降为第四名，并授淮南节度判官一职。初出茅庐的王安石勤奋好学，时时通宵不寐，一干就是三年。任满后，他放弃了京试入馆阁的机会，调为鄞县知县，掀开了仕途和人生的新篇章。

中国历来有“郡县治，天下安”的说法，但又县官难当，“官之至难者令也”。在王安石主政鄞县的三年，他矢志不移、锐意革新，进行了第一步改革尝试，表现出坚定不移的使命感、笃干务实的作风和不屈不挠的勇气：一是立大志，以社稷国家为己任。鄞县任上，在处理县政的同时，他“读书为文章”，对社会改革的一些重大问题有自己的思考，并提出自己的见解，为官鄞县成为其实现为社稷国家做大事的人生开端。二是干实事，以造福百姓为己任。王安石县政治理的一个重要特点是眼光向下，所谓“垂意斯民”，关注民生的切实需要，给民众带来切实的好处。初到地方任职，他不唯上，不空想，立足于鄞县地方实际，从与百姓生活密切相关的两大问题——水利和粮食问题入手，遍访乡邻、考察民生、重视教育、兴修水利，立足为老百姓做实事，在此基础上形成县政治理的决策，真正做

王安石雕像

到“为官一任，造福一方”。鄞县之治初露锋芒，成了王安石改革的试验田，在其人生发展过程中具有里程碑意义。

皇祐二年（1050），王安石在鄞县任职期满，在临川和江宁待了一年。皇祐三年（1051）五月，文彦博推荐王安石任馆职，王安石推辞不受，被任命为舒州（今安徽潜山）通判。后来又担任过常州知州。王安石每到一地，锐意改革，惠民为国，留下有目共睹的突出政绩。

王安石在地方为官期间，对地方治理作了积极的探索，推出了多项改革举措，取得了明显成效，积累了丰富的地方治理经验，萌生了主宰天下的大志，为他后来寻求变革之道、实施治国理政提供了良好的实践基础。

二、雄才伟略的政治家

王安石作为北宋著名的政治家，他胸怀安定天下的大志，以富国强兵为己任，因变法而闻名，领导了北宋历史上最大规模的改革运动，史称“王安石变法”。王安石是中国古代史上有定评的三大改革家之一。

王安石所处的年代，正值中国古代北宋王朝统治的中期，面临着内忧外患、民不聊生的艰难困境和国家“三冗”（冗官、冗兵、冗费）的积贫积弱局面，王安石以“天变不足畏，祖宗不足法，人言不足恤”的“三不足”的斗争精神来实现其政治抱负。早在地方为官期间，王安石就勤奋读书，尤爱钻研书中的政治对策，考虑为当下的政务所用，并在小范围内试点。比如在鄞县推广青苗法，取得了良好效果，极大地激励了王安石，使他笃信以《周礼》为蓝本的社会变革一定能够实现其内心深处民富国强的政治抱负。为此，王安石上书宋仁宗，针对当时弊端，极陈当时之务，阐述自己要求全面改革的思想与规划，但没被仁宗采纳。治平四年（1067），久慕王安石之名的宋神宗即位，起用王安石为江宁知府，旋即诏为翰林学士兼侍讲。熙宁元年（1068）四月，王安石再次提出全面改革的构想，并勉励神宗效法尧舜，简明法制。熙宁二年（1069）二月，王安石被任命为参知政事，他提出当务之急在于改变风俗、确立法度，提议变法，神宗赞同，设立主持变法的机构制置三司条例司，颁行新法开始变法，史称熙宁新法。

为实现“富国强军”的改革目标，新法以“理财”“整军”为中心，涉及政治、经济、军事、社会、文化各个方面，但主要在两个方面集中发力：一是在经济方面实行均输法、青苗法、市易法、免役法、方田均税法、农田水利法等，主要是在发展生产、均平赋税的基础上，增加财政收入，充裕国库，缓解尖锐的社会矛盾。二是军事方面实行置将法、保甲法、保马法等，主要是为了提高军队战斗力，增强国力，彻底改变西北边防长期以来屡战屡败的被动局面。新法艰难推行15年（1069—1085），取得较好成效。但在推行过程中部分举措不当，地方执行中又出现种种偏差，让老百姓利益受到损害（如保马法和青苗法），特别是触动了大地主阶级的根本利益，遭到强烈反对。元丰八年（1085），变法因宋神宗去世而告终。

王安石变法虽然以失败而告终，但从变法中我们看到了他要求改变现实的雄心壮志和治国平天下的雄才伟略。他在变法过程中表现出来的忧国忧民、勇于探索、锐意创新、敢于担当的改革精神，是留给我们的宝贵精神财富。其中一些改革举措甚至产生了国际影响，革命导师列宁高度评价了王安石的改革举措，称他为“中国 11 世纪的改革家”。1944 年美国副总统华莱士到访中国曾经说过：美国在 20 世纪大萧条时代政府实行的农民农业贷款政策，就很像当年王安石推行的青苗法。

三、举才济世的教育家

王安石不仅是忧国忧民的政治家，而且是具有远见卓识的教育家。王安石变法实现了由“积贫积弱”向“富国强军”的转变，体现了王安石作为改革家的价值，但他巨大的贡献还体现在教育方面。王安石一生虽然没有专职任教，但他秉承举才济世的教育理念，从变法的需要出发，选才荐才为我所用，顺时应势创办新学，试图挽救国家于危亡之中，施行了一系列教育改革措施，充满创新精神，历史上称为“熙宁兴学”。

1. 改革科举考试制度。

熙宁四年（1071），颁布改革科举制度，废除了明经科，增加了进士科名额，考试内容为本经、兼经和策论，要求考生联系当前实际参加经义策论的考试，不再录用只会吟诗作赋的人，而是录用懂得经世之术的人，把科举的立足点放在选拔具有经纶济世之志和真才实学的人才，从而扩大了人才选拔的范围。

2. 改革教育体制机制。

一是改革太学，创立太学三舍法。宋初太学徒具空名，经过整顿，太学规模方为完备，管理办法趋于细密。创立“三舍法”，把太学分为外舍、内舍、上舍，学生按程度分为三等，使学校不仅承担养士任务，而且具有取士职能，让太学养士与入仕做官直接挂钩，使学校成为选官制度的一个重要组成部分，极大提高了学校教育的地位，使中国古代教育事业向前迈进了一大步。二是整顿地方学校，恢复和发展州县地方学校。熙宁四年下令京东、京西、河东、河北、陕西五路设立学校，让有“经术行谊”者任教授，使地方学校有了很大发展。三是恢复和创设武学、律学和医学等专门学校，以培养专门人才。

3. 编写统一太学用书。

王安石和弟子一道，对《诗经》《尚书》和《周礼》重新注释，编撰《三经新义》作为太学统一用书，使其作为必读教材，并成为科举考试的内容和标准。

王安石的教育改革最特别的地方在于用学校教育取代科举考试为国家养“士”选“仕”。熙宁兴学最大的亮点是王安石设立的三舍法，对北宋教育制度的形成及宋代中后期教育产生了深刻的影响。王安石这些教育改革措施对于当前我们深化教育改革，倡导教育创新，全面实施科教兴国的伟大战略仍具有重要的启示作用。

四、才华横溢的文学家

王安石既是具有经天纬地之才的大政治家，也是满腹才情的大文学家，因其才华横溢和韩愈、苏轼等人并称“唐宋八大家”，有《王临川集》《临川集拾遗》《临川先生文集》等作品存世。北宋文坛领袖欧阳修曾高度赞美王安石的文学造诣，“翰林风月三千首，吏部文章二百年。老去自怜心尚在，后来谁与子争先”（《赠王介甫》）。可见，王安石在北宋文坛上具有崇高的威望。

一是主张文道合一。

王安石为了实现自己的政治理想，把文学创作和政治活动密切地联系起来，强调文学的作用首先在于为社会服务，强调文章的现实功能和社会效果，主张文道合一。他的散文贯彻了他的文学主张，揭露时弊、反映社会矛盾，具有较浓厚的政治色彩。王安石的短文，直陈己见，简洁峻切，短小精悍，形成了“瘦硬通神”的独特风貌。如《答司马谏议书》，文章针对司马光等守旧派对新法的责难予以答辩，以数百字的篇幅，围绕司马光指责新法为侵官、生事、征利、拒谏四事，严加剖驳，短小精悍，言简意赅，逻辑严密，措辞得体，体现了王安石刚毅果断和坚持原则的政治家风度，表达了他要把改革进行到底的坚强意志和坚定决心。

二是诗歌自成一体。

王安石以其广博的学识、圆熟的语言技巧、自然含蓄而又精巧凝练的风格，自成一家，世称“王荆公体”。后来以黄庭坚为首的江西诗派，突出才学为诗的偏向，受王安石的影响很大。其诗歌大致以熙宁九年（1076）第二次罢相为界分为两个阶段，前期创作主要是“不平则鸣”，注重反映社会现实和下层人民的痛苦，把自己渴望济世匡俗的理想抱负写进了诗中，如《感事》《河北民》《收盐》等诗篇，倾向性十分鲜明，风格直截刻露，表现了他主张革除弊政、关心民生疾苦的进步思想和博大胸怀。其中最有名的是《元日》：爆竹声中一岁除，春风送暖入屠苏。千门万户曈曈日，总把新桃换旧符。后期创作“穷而后工”，致力于追求诗歌艺术，注重炼意和修辞，以丰神远韵的风格在当时诗坛上自成一家。据传《泊船瓜洲》中“春风又绿江南岸，明月何时照我还”一句中的“绿”字，王安石反复斟酌，推敲了十几次才确定下来。可见，他对语言的锤炼十分讲究，形成了自己鲜明的风格。

三是创立荆公新学。

为了实现“致大同”的社会理想，王安石潜心研究经学，著书立说，创立“荆公新学”，主持修撰《三经新义》并作为教材和科举取士标准，颁布到全国各级学校实行，促进宋代疑经变古学风的形成。荆公新学把“道”作为最基本的哲学基础，在社会治理方面强调变革和济世从政的方略和对策，成为王安石日后变法的指导思想和理论基础。

从文学角度总观王安石的作品，无论诗、文、词都有杰出的成就。北宋中期开展的诗文革新运动，在他手中得到了有力推动，对扫除宋初风靡一时的浮华余风做出了贡献。清代文人蒋士铨对他的文学成就做了高度评价：千钧笔力气嶙峋，一代文章侍从臣。

王安石因为变法彪炳史册，但在历史上也因为变法成为一位极具争议的人物，人们对他褒贬不一。时而是配享孔庙除孔孟之外的“第三贤人”，时而又是导致北宋亡国的“万世罪臣”。但无论如何，作为王安石故里——江西抚州市东乡区上池村，现存有世宦祠、西引寺、龙安殿、荆公桥、荆公陂、荆公别墅、“荆国世第”门楼等10余处与王安石相关的遗迹，政府还花费巨资修建了王安石纪念馆让世人缅怀这位仁人才子。王安石虽然是一位封建士大夫，但他身上却有许多值得我们学习的优秀品质和优良作风，比如，严以自律体恤民情，不计名利不徇私情，不畏艰险勇于改革，不畏人言敢于担当，等等。今天，站在新时代的起点上，我们在怀念王荆公风貌的同时，更应做的是传承好他的精神，运用好他的思想。

以人为鉴，可以明得失。当前和今后一个时期，我国发展进入各种风险挑战不断积累甚至集中暴露期，各种矛盾错综复杂，利益纠葛千头万绪。在全面深化改革，攻坚克难过程中，我们需要弘扬王安石“三不足”大无畏精神，深刻认清改革的历史方位，树立好问题意识和问题导向，形成改革的共识和合力，敢于斗争，善于斗争，将全面深化改革进行到底。习近平总书记在近期讲话中多次引用了王安石的《登飞来峰》“飞来山上千寻塔，闻说鸡鸣见日升。不畏浮云遮望眼，自缘身在最高层”来激励全国各族人民要登高望远，看清大势，成就大业，谱写中华民族发展的历史新篇章！

（朱虹　龙溪虎）

诗书双绝黄庭坚

黄庭坚（1045—1105），江西九江修水人，北宋著名诗人、词人、书法家，字鲁直，号山谷道人，晚年号涪翁。曾任知县、知州、起居舍人、国史修编官等职，后追封龙图阁大学士，谥号“文节”。黄庭坚一生为官清正，治学严谨，以文坛宗师、孝廉楷模垂范千古。

一、少年聪慧显才华

黄庭坚出身于书香门第。仁宗庆历五年（1045），黄庭坚出生于洪州分宁（今江西修水县）双井村。双井黄家是世家望族，自古人才辈出，仅宋代就出了48位进士，其中4人官至尚书，被誉为“华夏进士第一村”。双井黄家崇学好文的风尚，为黄庭坚的成长营造了一个良好的学习环境。

黄庭坚自幼聪颖过人，有着极高的文学天赋，有过目不忘之能。黄庭坚满周岁“抓周”时，在众多物品中抓起了一管毛笔不愿再放下，众人齐赞小庭坚“是一个读书做官的料”，似乎从小就预示着将来要成为一个大书法家。“坚幼警悟，读书五行俱下，数过辄忆”，5岁开始接受启蒙教育，能够背诵《诗经》《论语》等五经；7 岁时写了一首《牧童》诗，“骑牛远远过前村，吹笛风斜隔岸闻，多少长安名利客，机关用尽不如君”，豪气冲天，令人惊叹。

黄庭坚的成才也得到了亲人的悉心教诲。舅舅李常对黄庭坚青眼相加，关爱异常，经常给他讲解经书及诗歌声律、音韵方面的知识，特别是讲述杜甫和陶渊明的诗，往往令他听得入迷，让小庭坚受益匪浅。更让李常惊讶的是，小庭坚房间书架上堆放了不少经史典籍、蒙学诗书，于是从书架上任意取了一本书问他，黄庭坚对答如流，且有自己独到的见解，在李常身边，3 年时间里，黄庭坚博览群书，不仅精心研读儒家经典，也广泛涉猎前人和今人的诗文著述，打下了深厚的学术根基。通过李常引荐，黄庭坚在扬州认识了著名的文学家和诗人孙觉。在孙觉与王平甫的一场诗歌争论中，孙觉发现黄庭坚的才华，十分欣赏这位聪颖少年，并将女儿许配给他。在孙觉帮助下，黄庭坚学业大进，宋英宗治平三年（1066）乡试，荣登榜首。主考官李询击节称绝，谓“此人不惟文理冠扬，异日当以诗名擅四海”。由此可见，孩提时的黄庭坚是一个意气风发、才华横溢的“英俊少年”，预示了他今后的美好前程。

二、傲骨正气崇本真

黄庭坚是中国文化史上的大师和巨匠。他一身傲骨，正气凛然，无论是做官、做学问，为师、为友，都人品如玉，一生淡泊名利，旷达乐观，堪称人格表率，成就了一代宗师的地位。

黄庭坚一生从政，受家庭的熏陶和家学的影响，是一位清

黄庭坚纪念馆全景俯瞰

正廉明的好官，有着强烈的施仁政、抚黎民、建功业的思想。在宋治平四年（1067）登进士第，前往汝州叶县担任县尉一职，从此迈出仕途上的第一步。在泰和知县任内，整吏治，抗盐税、察民情，被百姓称为“黄青天”，留下“落木千山天远大，澄江一道月分明”的著名诗句。泰和百姓感念其德，有很多公路、学校、商店等以黄庭坚的字号“山谷”命名。他坚持平易宽简的施政理念，关注民生疾苦，呵护百姓利益，倡导“当官莫避事，为吏要清心”“不以民为梯，俯仰无所怍”的从政主张，深受百姓爱戴，并亲书《戒石铭》用以自警，得到宋高宗的褒扬，作为典范推行全国。

黄庭坚才华横溢，但他率性耿直的性格，使得他一生坎坷，多次被贬。元丰七年（1084），因直言反对一些变法主张，被贬为监镇官。后陷朋党之争，他始终不承认有错，也不请求赦免宽大，再次被贬。在他颠沛流离的官宦生涯中，先后被贬到涪州、黔州和戎州，最后羁管在宜州，靠朋友接济度日。“四顾山光接水光，凭栏十里芰荷香。清风明月无人管，并作南楼一味凉”的诗句是其贬谪生活的真实写照。尽管这样，他从未叹息命运不公，而是读书怡情、练字不辍，自得其乐，还为破败不堪、风雨无遮的戍楼取了个十分雅致的名字：“喧寂斋”，深切体悟到“桃李春风一杯酒，江湖夜雨十年灯”的境遇，是一个永远站着笑而不跪着哭的人。一身傲骨，不坠名节，这就是黄庭坚流放生涯的精神状态，其凛然正气令人叹服！

黄庭坚是一位大孝子，二十四孝里有一则“涤亲溺器”故事讲的就是黄庭坚孝母。其母有洁癖，甚至忍受不了马桶的异味，他就亲自为母亲清洗便桶，数十年如一日，从不间断。母亲生病的时候，他嘘寒问暖，四处寻医问药；母亲病危的时候，他更是衣不解带，亲尝汤药，丝毫不敢懈怠，日夜侍奉在病榻前，无一刻不尽人子之道。苏东坡赞叹他“孝友之行，追配古人”。“涤亲溺器”孝行感人至深，向世人无声地彰显着圣贤德行风范，被列为二十四孝之一，对后世产生深远而积极的影响。

黄庭坚一生奉行“为官爱民、为友真挚、为子孝行、为长仁爱”的为人准则，不妄为、不贪欲、不自悲、不放弃，光明磊落，一身正气，表现了士大夫的松柏气节。黄庭坚死后谥为“文节”，“节”字之用，可见朝廷对黄庭坚气节的推崇。南宋时，黄庭坚的同乡、右丞相章鉴回乡时，深怀对黄庭坚大节的尊崇，写下了“半夜过双井，不敢见先生”的诗句。

黄庭坚长于仕宦之家，自小形成了“超世而不避世”的思想情怀，构建了“俗里光尘合，胸中泾渭分”的独特人格，形成了“达则兼济天下，穷则独善其身”的完美品格，即使屡遭挫折而心地泰然，贫无立锥之地仍充满乐观，以所行证所思，实践了自己崇尚本真的道德标准。

三、开宗立派领风骚

江西诗派是当时最大的诗派，影响深远。黄庭坚作为江西诗派的鼻祖，起到了开宗立派的作用。

一是提出了诗歌主张。

黄庭坚继承了杜甫的现实主义传统，推崇《孟子》，崇尚道义，认为诗应以道义为本，始终以天下社稷为重，诗应因时而作，既反映时事，同时又能有补于世，将诗的主体性、抒情性和谐结合起来，解决了诗与道的关系问题。黄庭坚提出了“以故为新、以俗为雅”等诗学理论，总结出一套诗歌创作的训练方法，主张诗以“不俗”为高，脱“俗”向“雅”的关键在多读书，“腹有诗书气自华”，具有强烈的求新求变自觉意识，开创了宋代诗坛的全新时代。

二是进行了创作实践。

黄庭坚在创作实践中极力推崇杜甫，把晚期杜甫诗视为宋诗美学理想的参照典范，提出了“夺胎换骨”“点铁成金”的诗学主张，既模仿前人，又讲究技巧，做到超越前人而自成一家，从而达到“不烦绳削而自合”的境界。首先注重字法。黄庭坚作诗极其注重炼字，用字讲究“无一字无来处”，做到“一字一句，必月锻季炼，未尝轻发”。如《登快阁》中“快阁东西倚晚晴”的“倚”，“万里归船弄长笛”的“弄”，都有余味无穷、出人意料的效果。其次重视句法。黄庭坚在诗歌创作

双井黄庭坚故居

中注重观摩前人的句法加以创新，提出了“句眼”的理论，用来锤炼创作具体的诗句。黄庭坚所谓的“句中眼”也就是后人所说的“诗眼”，句有眼则立得住，诗有眼则韵自胜。如在《送顾子敦赴河东》“无人知句法，秋月自澄江”诗句中，我们可以看出黄庭坚诗的句法简易，如秋月澄江，明晰可感。再次讲究章法。“文章必谨布置”，黄庭坚作诗讲究谋篇布局，并注重结构安排和技巧表达，包括诗歌结构中的“起承转合”和各部分内在的逻辑关系，“作诗正如作杂剧，初时布置，临了须打浑，方是出场”。

三是产生了深远影响。

北宋时期，黄庭坚、张耒、晁补之、秦观一起游学于苏轼门下，得到苏轼的推介，都名满天下，史称“苏门四学士”，其诗学理论直接促成了江西诗派的产生和形成。黄庭坚推崇杜甫作为江西诗派的“一祖”，他自己与陈师道、陈与义一起形

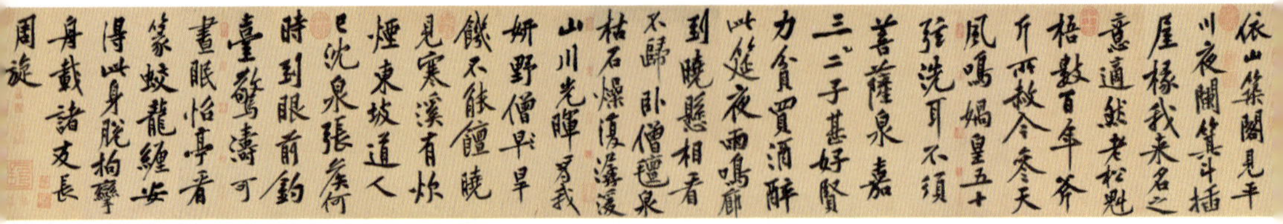

黄庭坚《松风阁诗》

成了江西诗派的“三宗”。作为江西诗派领军人物的黄庭坚则是三宗之首，影响最大，取得重大创作成就，达到了“一诗一文出，人争传诵之”，形成了独特风范，号称“庭坚体”，将其奉为江西诗派的领袖实不为过。

总之，黄庭坚在江西诗派中诗名最盛、诗论最佳，被认为是江西诗派的开创者，有众多追随者和爱好者。其文当如苏轼所说：“瑰玮之文，妙绝当世。”

四、千年书史第一家

黄庭坚既是江西诗派的开山鼻祖，也是一代书法宗师，其书法学古出新，独树一格，善行草书，楷法亦自成一家，与苏轼、米芾、蔡襄并称为“宋四大家”，被后人推举为“千年书史第一家”。

北宋书法是唐以后书法艺术的又一座高峰。黄庭坚虽然在“苏黄米蔡”四大家中名列第二，但他行草皆好，尤其草书远胜他人，是北宋书坛当之无愧的“执牛耳者”，如果综合比较，黄庭坚的书法成就无人能及，形成了自己的独特风格。以他成就最大的草书为例，他曾经说过他学习草书经历了三个阶段：年轻时学周越，学了20年，还是摆脱不了俗气；中年学苏舜元（才翁）苏舜钦（子美）兄弟，乃得古人笔意；晚年学张旭、怀素、高闲，才真正明白古人用笔的奥妙。

黄庭坚有其独特的书法思想。他认为书格即人格，心中有道义，下手才可贵。所谓欲书法高妙，须苦读圣贤书，学好书法的前提是读好圣贤书。他师从苏轼，书法受苏轼影响较大，他赞美苏轼的字没有俗气、韵味无穷，但又不是全盘照抄，在苏字基础上又有了创新发展。黄庭坚重法又不拘于法，主张“法外之理”，常以“韵”来体现其淳朴平淡的“自然”，把禅宗的“悟”引入书法研习中，利用自然造化之功打通手和心的隔阂，做到内省外悟。在悟法中，找到禅境和书法的绝妙关联，由禅悟散淡之境，到书法的散淡之境，缘禅入书，将书法上升到精神层面，做到字中有“意”、胸中有“禅”，达到一种“超逸绝世”的境界。如他在船上观察“长年荡桨”和“群丁拨棹”，因而大悟笔法，形成了一种独特的字体——中宫紧固、左右张扬的呈放射状的“黄体”书，成就了黄庭坚杰出的书法艺术地位。

书法是体悟当下观照时代的产物。黄庭坚书法求新思变，善于感受时代的气息，不断追求创新。黄庭坚根据书桌增高的情况，提出改革执笔和书写方式，主张四指握笔和悬腕书写，这样写的字不仅遒劲有力，而且挥洒自如，成为今人练字主体书写方式。从黄庭坚传世的作品看，他的小字手札、大字行书都不错，但草书尤佳。最能体现其独特风格的是大字行书，如《松风阁诗帖》，长波大撇，丰神洒脱，尤其是他的颤笔，真可谓是“前无古人后无来者”，绝妙无穷。若从文化价值来看，首推草书，黄庭坚的草书理论和实践对于推动北宋草书发展发挥了不可替代的作用。他的草书，学唐不似唐，以意运笔，从容娴雅，别有一副“新面目”；他的狂草境界最高，如《李白忆旧游诗草书卷》，随心所欲，大开大合，但法度严谨，收放自如，成为年高手硬之作。

纵观黄庭坚的诗歌和书法，风格十分鲜明，二者达到文学和书法审美上的一致性，其诗能摆脱死板的律体，自成山谷体，成为江西诗派之祖。其书法楷、行、草皆妙，草书尤奇伟，具有历久不衰的魅力。标志着黄庭坚晚年书风成熟时期的大字行楷书代表作《砥柱铭》，2010年在北京经过70轮竞价，拍出4.368亿元的“天价”，创下了中国书法艺术品拍卖成交价的世界纪录，在中国书法史、艺术史乃至文化史上有着非同寻常的地位和意义，至今无人超越，堪称诗书大家的典范。

砥柱精神，光耀千秋。近年来，黄庭坚成为社会广泛关注的历史人物。为了纪念这位历史文化名人，修水县修建了黄庭坚纪念馆，馆内有山谷祠、九曲回廊、澄秋阁、顺济亭、冠云亭、诗词碑廊、书法碑廊以及濂山书院等人文景观。中纪委网站推出《江西修水黄庭坚：遗子万金不如教之敦睦》，把黄庭坚作为孝廉楷模，重点介绍了黄氏家规和从政理念，具有深刻的现实教育意义。

文以载道，书以焕采。2014年习近平总书记在文艺工作座谈会上的讲话中引用了黄庭坚的诗，“随人作计终后人，自成一家始逼真”，鼓励广大文艺工作者要勇于创新，用中国风格、中国气派的优秀作品回应人民呼唤，讲好中国故事，弘扬中国精神，书写展现伟大时代的新篇章。

（朱虹　龙溪虎）

正气丹心文天祥

文天祥，字宋瑞，号文山，宋理宗端平三年五月（1236 年 6 月）生于江西庐陵（今江西吉安），南宋末著名的政治家、文学家，爱国诗人，抗元名臣、民族英雄，与陆秀夫、张世杰并称为“宋末三杰”。

一、乱世状元

文天祥出生前两年，崛起于北方草原的蒙古联合南宋，共同灭掉金国。在蒙古强大而金、宋弱小的情况下，三国鼎立或许还能对蒙古有所制衡；金国既灭，虚弱的南宋不得不独自面对虎视眈眈的蒙古。随着忽必烈灭大理，南宋从此陷入了蒙古的南北夹击中，国势愈发艰危。

文天祥出生时，南宋和蒙古的战争已经拉开序幕，但战火尚未波及庐陵，他在还算平静的家乡度过了一段美好时光。文天祥的父亲文仪喜爱读书，也很重视孩子们的学业，想方设法聘请名师对孩子们进行教育。文天祥无论寒暑都要在贴满格言警句的书斋中与弟弟一起诵读、写作、谈古论今。年少的文天祥对“忠”就非常景仰，还是童子时，文天祥看

文天祥雕像

到学校祭供的同乡先辈欧阳修、杨邦乂、胡铨像，谥号都叫“忠”，便立志要向他们学习：“死后如果不侧身在他们中间享受祭供，就不是大丈夫。”

1240 年，吉州知府江万里于白鹭洲创办书院，聘请宿儒欧阳守道为山长。15 年后，赣江春潮初涨时，20 岁的文天祥从家乡庐陵县富田镇来到白鹭洲书院，从欧阳守道学习。

与同时代的大多数读书人一样，文天祥的人生轨迹就是读书、参加科举考试、做官。18 岁时，文天祥参加庐陵乡试获第一名；20 岁时，文天祥参加礼部省试中选吉州贡士；仅仅一年多后，文天祥随父前往临安（今浙江杭州）参加科举考试的最高阶段——殿试。

此次殿试的考题要求考生阐述一段理学观点，并对时局提出对策。文天祥针对当时的政务逐渐懈怠这一弊病，以遵循天意不懈怠作答，提出改革方案，表述政治抱负。文天祥的答卷长达 1 万多字，他未打草稿，一气呵成。

按照规定，主考官阅卷后，须将前 10 名的卷子交由宰臣复审，再呈送皇帝确定名次。文天祥成绩名列第七，答卷被送到了宋理宗皇帝的手里。考官王应麟奏道："是卷古谊若龟鉴，忠肝如铁石，臣敢为得士贺。"宋理宗阅毕，对文天祥的观点和才学大加赞赏，将他擢为第一名，并御笔写下一首《赐状元文天祥已下诗》："道久于心化未成，乐闻尔士对延英。诚惟不息斯文著，治岂多端在力行。华国以文由造理，事君务实勿沽名。得贤功用真无敌，能为皇家立太平。"

当时的宋朝，在蒙古强大的军事压力下已苦撑多年，朝廷非常渴望能有一批有理想、有抱负、有才干、肯担当的青年才俊。文天祥的出现，令当朝者仿佛看到了希望。

二、临危受命

正当文天祥有机会施展他报国救民的宏大抱负之时，其父亲不幸病故。古代中国以孝为先，依例制，文天祥归家守丧 3 年。

1259 年，文天祥接到朝廷授官的诏旨。此时，南宋和蒙古的战事相当吃紧，而皇上嗜欲怠政、不思振作，官场中佞臣当道。同年，蒙古军队进攻南宋。宦官董宋臣游说皇帝迁都，满朝文武都不敢说他不对。文天祥时任宁海军节度判官，上书"乞求斩处董宋臣，使民心一致"。文天祥多次上书直言，却受到不少打击和诽谤。面对官场失意和岁月蹉跎，文天祥曾有诗云："修复尽还今宇宙，感伤犹记旧江山。近来又报秋风紧，颇觉忧时鬓欲斑。”从中可见，他始终怀有一腔忠贞报国的赤诚。

1271年，北方蒙古族结束了内部争夺皇位的自相残杀局面，建立了元朝，继续把侵略矛头直指南宋。1273年，蒙古丞相伯颜统20万大军攻下襄阳、樊城，以此为突破口，顺江而下，两年不到，便兵临南宋首都临安的近郊。蒙古兵所过之处，尸横遍野，血流成河，农田荒废，百业凋敝，这是一场空前残暴的、野蛮的侵略战争，南宋面临着亡国灭种的严重威胁。但南宋朝廷却长期为投降派所把持。早在1259年，南宋宰相贾似道便以称臣、割江北地区和岁纳银绢各20万两匹为条件，暗中屈膝求和。而伯颜却意在灭宋，并未停止南侵。

1275年，贾似道的13万大军被消灭，朝廷便再无可用之兵。此时宋恭宗在位，年仅4岁，太皇太后谢氏临朝听政，不得不发出“哀痛诏”，号召天下四方迅速举兵“勤王”。文天祥当时正担任赣州知府，他“捧诏涕泣”，并立即变卖家产，招募义士，在两三个月内便组织了第一支“勤王”队伍近万人，费尽千辛万苦，几经周折赶赴都城临安，应诏“勤王”。但是，朝中大臣对文天祥并不信任，命其前往平江府（今江苏苏州）守卫。后因朝廷部署失策，平江府失守，文天祥才不得不回到临安。

1276年正月，元军围困临安。正月18日，太皇太后看大势已去，急忙遣使携带传国玉玺和皇帝降表，向伯颜请降。当晚，右丞相陈宜中逃跑，其他主要官员也率兵撤离。第二天早晨，文天祥临危受命，出任右丞相，与左丞相吴坚等赴伯颜大营议和。

文天祥在伯颜面前慷慨陈词，据理力争。面对伯颜的恐吓，他面无惧色地回答："吾乃南朝状元宰相，但欠一死报国，刀锯鼎镬，非所惧也！"文天祥还曾在元营赋诗："三宫九庙事方危，狼子心肠未可知。若使无人折狂虏，东南那个是男儿。"

降元的南宋守将吕文焕为讨好伯颜，前来劝说文天祥。文天祥怒不可遏，痛斥其为乱贼。吕文焕以自己苦守襄阳 6 年而朝廷不予施救为自己辩解，文天祥厉声喝道："力穷援绝，死以报国，可也。"

文天祥表现出的大无畏气概，使得伯颜对他不得不另眼相待，并想利用他的声望去进一步收拾南方残局。于是，伯颜派人劝降文天祥："大元将兴学校、立科举，丞相在大宋为状元宰相，今为大元宰相无疑。"却遭到文天祥的断然拒绝。

三、旷世问答

伯颜见文天祥不肯屈服，便将他扣留在军营中，其他大臣签订降书后于次日返回临安。之后，文天祥被押往大都（今北京），所幸于途中趁机逃脱。历尽艰险之后，文天祥泛海南下温州，辗转来到宋端宗赵昰的行朝（皇帝临时驻处）福州。

不料，文天祥依然受到掌政者的排挤，只以同都督军马的身份先后在南剑州（今福建南平）和汀州（今福建长汀）开府，重新组织军民抗元。文天祥到汀州后不久，福州失陷，小朝廷逃往广东。他随之转战漳州、梅州一带。1277 年 5 月，文天祥率兵进入江西，在雩都县（今江西于都）大败元军，收复兴国、吉州等地，一时声威颇盛。但元军旋即大举反攻，文天祥的妻儿和幕僚被俘，他因有义士替身受捕才幸免于难。

1278 年，文天祥带领残部，转战广东南岭一带。其时，20 万不甘亡国的南宋军民在陆秀夫和张世杰的率领下辗转来到崖山（今广东江门市崖门镇），南宋军民伐木建屋，并为小皇帝和杨太后修建了一座名为慈元殿的行宫。一时间，小小的崖山一带，3000 余座房屋连绵起伏。6 月，为摆脱元兵的围追，文天祥要求赴援崖山行朝，遭到当政者拒绝。12 月，文天祥在广东海丰五坡岭不幸被俘。元军主将张弘范下令把他押送到自己驻扎的潮阳。其时，张弘范正在为进攻崖山做最后准备。当张弘范从潮阳赶往崖山时，特意把文天祥也带上了。

文天祥既是南宋丞相，又是状元出身；既是南朝最具人望的知名人士，也是抵抗运动的主要领袖。如果能让文天祥投降并说服张世杰等人也放弃抵抗，必能起到事半功倍的效果。船队还航行在广东珠江口外的零丁洋时，张弘范便逼文天祥写信劝降。

文天祥的回答却是一首诗："辛苦遭逢起一经，干戈寥落四周星。山河破碎风飘絮，身世浮沉雨打萍。惶恐滩头说惶恐，零丁洋里叹零丁。人生自古谁无死，留取丹心照汗青。"这首光耀天地的《过零丁洋》，特别是诗中最后一句旷世问答（问：人生自古谁无死？答：留取丹心照汗青！）以磅礴的气势、高亢的激情，表达出文天祥为了国家安宁而愿慷慨赴死的民族气节和舍生取义的生死观，被称为千古不朽的爱国主义绝唱。

四、国难臣忠

崖山海战是南宋亡国的最后一战，战斗无比惨烈。宰相陆秀夫背负7岁的小皇帝蹈海自尽，后宫诸臣随之纷纷投海。杨太后在听说小皇帝遇难的噩耗后，也大哭着随即蹈水自尽。张世杰突围后遭遇飓风，溺水而死。这样，“宋末三杰”就只剩被俘的文天祥了。

元军船上的文天祥痛不欲生。他眼睁睁地看着宋军节节溃败，亲眼看到南宋政权的彻底覆灭。“崖山之败，亲所目击，痛苦酷罚，无以胜堪”。当时，他也想跳海，但被元军所阻。

崖山战后，胜利者张弘范大摆宴席，再次劝降。他对文天祥说，你效忠的大宋已经灭亡了，作为臣子问心无愧了。你一心求死，可即便死了，又有谁记得你呢？如果你能像事大宋那样事大元，大元的丞相，非公莫属。

文天祥流着眼泪回答说，国家灭亡却不能施救，做臣子的简直死有余辜，哪还能为了偷生而事二主呢？商朝灭亡了，但伯夷、叔齐义不食周粟，是为了尽到自己的忠义，绝不会因国家的存亡而改变。张弘范听后，深为动容。他不仅在生活上优待文天祥，还把文天祥失散的奴仆想方设法找回来，送到文天祥身边。更重要的是，他向忽必烈上书，详细说明不能杀文天祥的诸种理由。

得知文天祥不肯受降后，忽必烈感慨说：谁家无忠臣。并下令把文天祥押往大都。不过，文天祥却开始了绝食。他计划七八天后将行至家乡吉州时，自己就可以饿死尽节、归葬故里了。但押送的元军担心这个闻名天下的钦犯死在押送途中，便想尽一切办法要文天祥吃喝，最后用削尖的竹筒硬插进文天祥嘴里，从另一端灌下流质食物，弄得文天祥口舌受伤，满嘴是血。绝食8天后，文天祥依然未死，而故乡已过。既然不能死在故乡，那就只好活着。

从1279年10月至1282年12月，文天祥在大都度过了3年2个月的囚禁生涯。起初，元朝以上宾之礼对待文天祥，劝降者络绎不绝：从在京的南宋君臣到元朝高官，走马灯似的充当说客。这中间，值得一提的有三次。

第一个是留梦炎。他也是个状元宰相，德祐元年十一月听到元军破独松关，就私自逃跑，不久投降元军。文天祥对此人无比鄙夷，提笔赋诗“龙首黄扉真一梦，梦回何面见江东”。龙首指的是状元，黄扉是宰相的办公场所。

第二个是已被降封为瀛国公的宋恭宗。此时，他也仅是一个9岁的孩童。宋恭宗来到牢房，还没开口说话，文天祥已经口称陛下哭拜于地，宋恭宗只得尴尬地打道回府。

第三个是元朝重臣平章政事（平章政事相当于副丞相，是从一品的高官）阿合马。他命文天祥下跪，文天祥毫不示弱，作揖就座回答道：“南朝宰相见北朝宰相，岂能下跪？”阿合马故意问：“你何以至此？”文天祥回答：“南朝早用我为宰相，北人到不了南方，南人也到不了北方。”阿合马回顾左右说：“此人生死由我定。”面对阿合马的生死威胁，文天祥直言：“亡国之人，要杀便杀！”一番针锋相对后，原本趾高气扬的阿合马只得默然离去。

劝降不成，文天祥被戴上木枷，关入土牢。元世祖至元十七年（1280）春，他突然接到女儿的来信，才知道3年多杳无音讯的妻子、女儿都在大都。文天祥知道这是元朝打出的感情牌，只要自己投降便可与家人团聚。他强忍着悲痛，拒绝给女儿回信。在给自己妹妹的信中，文天祥谈及此事："人谁无妻儿骨肉之情，但今日事到这里，于义当死，乃是命也。"

五、浩然正气

狱中的生活很苦，可是文天祥强忍痛苦，写出了不少诗篇，气壮山河的不朽名作《正气歌》就是在狱中写就的。

元世祖至元十九年（1282）三月，元世祖任命和礼霍孙为右丞相。和礼霍孙提出以儒家思想治国，颇得元世祖赞同。于是，元世祖问群臣："南方、北方宰相，谁是贤能？"臣答："北人无如耶律楚材，南人无如文天祥。"于是，元世祖下了一道命令，打算授予文天祥高官显位。文天祥的一些降元旧友立即向文天祥通报了此事，并劝说文天祥投降，但遭到文天祥的拒绝。

1282年12月8日，忽必烈亲自召见文天祥，他还想做最后的努力。文天祥对元世祖仍然是长揖不跪，元世祖也没有强迫他下跪，只是说："你在这里的日子久了，如能改心易虑，用效忠宋朝的忠心对朕，朕可以封你为宰相。"但是，面对忽必烈开出的优越条件，文天祥却道："天祥受宋恩，为宰相，宋亡，唯可死，何生。"末了，忽必烈无奈地问：汝何所愿？文天祥对曰：愿赐之一死足矣。

次日，文天祥被押解到大都城南的柴市刑场。大都的百姓不顾官府的禁令，纷纷赶来为文天祥送行，多达万余人，以致道路拥塞。监斩官问："丞相还有什么话要说？回奏还能免死。"文天祥喝道："死就死，还有什么可说的？"他问监斩官哪边是南方？有人给他指了方向，文天祥向南方跪拜，说："我的事情完结了，心中无愧了！"于是引颈就刑，从容就义，年仅47岁。文天祥死后，人们在他的衣带中发现一首诗："孔曰成仁，孟曰取义，唯其义尽，所以仁至。读圣贤书，所学何事？而今而后，庶几无愧。"

"经纶弥天壤，忠义贯日月。"文天祥胸怀忠贞报国之梦，临危受命，虽未能"挽狂澜于既倒，扶大厦之将倾"，但他舍生取义的爱国精神和视死如归的浩然正气一直为后人所称颂和敬仰。明朝名臣、民族英雄于谦赞词曰："殉国忘身，舍生取义。气吞寰宇，诚感天地。孤忠大节，万古攸传。"清朝乾隆皇帝赞道："若文天祥，忠诚之心不徒出于一时之激，久而弥励，浩然之气，与日月争光。"

（朱虹　江先贞）

义门陈——世上无双族　天下第一家

在古代，家族是人才培养的摇篮。江西历史上人文鼎盛，一个重要原因就是家族兴旺，名门望族多。中纪委网站“中国传统中的家规”总共推荐了100多个家族，江西独占十分之一强。在这些名门望族中，有一个家族格外引人注目，她曾经创下了聚族3900余口15代不分家的世界奇观，在唐宋时期先后受到7位帝王的旌表，被御赐为“世上无双、天下第一”，创建了比西欧空想社会主义还早600余年的乌托邦社会。这个家族就是世居庐山南麓鄱阳湖畔九江市德安县的义门陈家族。

一、义门陈氏祖堂

义门陈氏，亦称为江右陈氏、江州陈氏，源于南北朝时期的陈朝，创立于唐朝开元年间，兴盛于北宋时期。今天全球各地陈姓总人口在9000万左右，据说义门陈后人约有千万之众，于是有一种说法叫“天下陈氏出义门”。数字和说法虽然有些夸大，但足见义门陈在陈氏家族的地位和分量。唐开元年间，陈朝宜都王陈叔明（陈后主的弟弟）第11世孙陈阔（字伯宣）举家迁居江州齐集里，合族同居上百年。陈阔的孙子陈旺于 832 年因官置产于德安县长乐里永清村，成为江州义门陈的肇基始祖。陈旺至四代孙陈兰，每代只一丁相传，至第五代陈青始生六子，世代农耕，人丁开始兴旺，江州陈氏成为当地望族。唐中和四年（884），唐僖宗李儇御笔亲题“义门陈氏”四字，义门陈由此而来。

二、聚族四千口

千人聚族为世上家族之无双。陈旺在德安县长乐里开基以后，义门陈氏人才辈出，日益昌盛。繁衍至唐僖宗中和三年（883），全家达 320 余口；到南唐保大十年间（947—957），义门老幼 700 余口，十世同居；北宋开宝二年（969），义门人口增至千余；北宋嘉祐七年（1062），义门人口增至 3900 余口，人口达到顶峰，创造了历 15 代、330 余年聚族而居、同炊共食、和谐共处不分家的世界家族史奇观。

忠义家风成天下家族之楷模。义门陈以忠孝节义为本，耕

义门陈分庄纪念碑广场

读传家，敬睦家邻，家风懿范，厚古照今。宋嘉祐六年，江南数月无雨，旱情严重，灾民遍野，饿殍盈苍。宋仁宗只身下江南视察灾情，走进“江州义门陈”，见这里生产生活如常，仁宗便讨教一翁。翁说，义门陈人口众多，上下和睦，孝义治家，老少齐心。面对大旱之年，整个家族齐心协力，挖渠引水，乃避此旱，故生活如常。仁宗感言：江州义门，怡然相存，真乃义之所至也。义门陈的狗也被驯养的懂规矩，传说义门家族养了 100 条狗，所有狗都在同一处食槽进食，“一犬不至，百犬不食”。具有忠义家风的义门陈在唐宋时期先后受到 7 位帝王的旌表（有历史记载的题赠达到 29 次），可称中国古今之最。南唐升元元年（937），南唐主李昪诏立“义门”，立乌头门，石柱高二丈余，左镌“门”，右镌“义”，免徭役、除杂科，“义门”既立，彰显四方，为一国之楷模。宋太宗赵匡义敕联一副“聚族三千口天下第一，同居五百年世上无双”，赐“至公无私”匾一块，先后题赐“真良家”“义居人”，并下诏将“义门家法”收藏于国史馆。天禧四年（1011），宋真宗赵恒亲题“旌表义门陈氏”。天圣三年（1025），宋仁宗赵祯题赠“萃族三千九百余口天下第一，合爨五百八十多年世上无双”。据史料记载，北宋时期在义门陈氏忠义孝悌的感召下，江南人家平纠纷，净争讼，知礼仪，忠国家，呈现一派耕读升平的景象。

家法书院开天下家族之先河。唐大顺初年（890），义门族人渐多，第三代族长陈崇撰写《义门家法 33 条》垂示子孙，成为中国封建社会最早的完整家法家规。这套以儒家规范为基础的家法，字里行间体现了忠、恕、孝、悌的思想，在维系陈氏义聚中发挥着至关重要的作用，是义门陈一部具有宪法性质的根本大法。为了解决子孙读书问题，早在家族经济还不富裕的情况下，义门曾先后创办了“书屋”和“书堂”两级学校。初级的叫书屋（相当于小学和初中），高级的叫东佳书院（相当于高中和大学），“七岁令入学，至十五岁出学。有能者令入东佳”。东佳书院是我国最早的私家招徒授业书院之一。书院有数千卷图书，“堂庑数十间，聚书数千卷”，还有20顷良田的收入作为教学经费，所藏书帖，“号称天下第一”。书院的建立保证了义门人才的不断输出，至1063年，义门陈氏一家历代为官人数约400人，历受封赠42人，历代累计中举120余人，其中官至宰相2人、在京高官30人。当时的义门村，“接官厅内尽是进士、博士、大学士；迎宾路上又来侍郎、礼郎、尚书郎”。

三、最早乌托邦

在这块神奇的土地上，义门族人聚族合炊，吃“大锅饭”，办“大食堂”，“大集体”劳动，财产共有，没有压迫、没有剥削，创造了现实版的桃花源，比西欧乌托邦理想主义社会还要早600多年。

从政治上看，义门陈实行任人唯贤的民主选举制度。义门陈对家族管理者的选拔只论才干，选贤任能，而不是论辈分、年龄和经济实力。自陈崇始，义门历任家长都是经民主推选的。

从生产上看，义门陈实行公有制，家产共有、家无私财、共同劳动。他们废除了私有制和雇佣劳动，土地归家族所有，

义门陈分庄纪念碑上的浮雕场景

家族与田庄分层经营，“男性田野耕种，女性养蚕织布”，以整个家族为单位，对全家庭的劳动力进行统一调度和安排。

从分配上看，义门族人平均分配，人无贵贱，诸事平等。在吃饭时，以鼓声为召集信号，成年男女分开坐，未成年人另坐一边，秩序井然。在住宿方面，族人住的房子都是由每个庄统一建造的，没有差别。穿的衣服方面，春季、夏季和秋冬季分别统一发一样的衣服，就连公共劳动的时候都一样，“堂前架上衣无主”，每年冬至、岁节、清明三时，都发鞋子一双。

从保障上看，义门陈建立了一套较为完整的社会保障体系。对于年老体弱者，家族都有一些照顾，比如对于老而有病的，每月给油一斤和适量的茶盐；对于从事艰苦劳动的男子，给一些好酒犒劳；对于妇女会有些脂粉、针花等物。义门陈在医疗、教育、养老等有一套保障体系。家族安排两个人学医，族人生病就找他们看，病人不花钱，买药的钱由家族统一出。家族建有专门的敬老院“寿安堂”，同时还建有“太学院”专供在外为官者告老还乡后颐养天年。建立了幼儿园“百婴堂”，婴儿生下以后，由家族统一管护。

从建筑看，义门陈建有自备生产、生活用品的各种设施，俨然一个等级森严、分工有序的小型国家。义门陈建筑具有和国家机制相对应的各种功能，除了族人住宅之外，还有大量公益性、公用性建筑。比如，有家族议事聚会场所百柱堂、大公堂；有家族会餐场所馈食堂；有专供吃住招待场所廨宇（相当于今天的招待所）；有休闲游乐的花园兰宫、秋千院、大戏院、嬉戏亭；有贮存粮食的义仓；有执行家法的刑杖所；有医院医俗院、幼儿园百婴堂、敬老院寿安堂、酿酒厂酒坊、中小学陈氏书屋、大学东佳书院等。此外，还有御书楼、旺公祠、祖训堂、德星堂、接官厅及田庄、园林等建筑共计300多处。

从婚姻制度看，义门陈实行了一夫一妻制。义门陈家法中明确规定：“男皆只一室，不得置外妾，男年十八岁，则与占勘新妇，女则侯他家求问。”男婚女嫁由家族操办，财产统一管理。在一夫多妻制盛行的封建社会，义门陈家族实行“一夫一妻”的制度，十分难得。义门陈实行的一夫一妻制也有其局限性，年轻人的婚姻都是家族一手包办，没有自主选择权力，更谈不上爱情了。

由此可见，义门陈实行了比较公正的平均主义，比我们人民公社时期的大锅饭还要早1000年。但这种平均主义是低水平的较为原始的“共产主义”，在没有外部援助的情况下很难持续。

四、忠义传天下

到1063年，义门陈家族已在江州定居300余年，人口达到3900多口，田产300多处，达到了发展的巅峰时期，但也出现了一些问题和裂痕。一是家族经济困难。随着社会的不断发展，义门陈“大集体”“大锅饭”的生产分配方式越来越束缚生产力的发展，粮食产量已不能满足越来越多的人口。到了宋淳化年间（990—994），义门陈连吃饭都成问题了，遇到风调雨顺的年份还能维持温饱，遇到自然灾害整个家族都在饿肚子，只能靠官府接济度日。二是小社会的不稳定。义门陈家族重视农耕和读书，但对商品经济嗤之以鼻，严重制约了家族经济的协调发展。有些子孙晚辈越来越不服从管理，从不给家长报告，还擅自典卖田产。三是家族的庞大引来统治者的警惕。义门陈家族不断扩张，在江西周边的湖北、安徽都设置了田庄，发展了陈氏家族。由于担心日益壮大的义门陈会影响社会稳定，文彦博、包拯等大臣纷纷上书建议分析义门陈。北宋嘉祐七年（1062年），宋仁宗以“义门陈孝义传家，分析各地教化天下”的理由，将义门陈分析至全国各地。

根据宋仁宗的御赐编号，义门陈家族财产列为291份，人口分流至江西、河南、浙江、湖北、广西、江苏、广东、福建、山东、上海、天津等16个省125个县市。随后，江州义门就开始了中国历史上规模最大的家族大迁徙。因为这些陈姓都从江州义门析出，因而各家门口都挂有义门世家的匾额，各地又有“天下陈氏出江州”之说。即使分析各地，义门陈的家风依然影响着后人不断前进，建功立业。据查，中国共产党的著名人物陈独秀、陈毅、陈云、陈赓，国民党元老陈立夫、陈果夫、国民党将领陈诚等，都是江州义门陈氏分析到各地支派的后代。“陈门五杰”陈宝箴、陈三立、陈衡恪、陈寅恪、陈封怀也是义门陈分支的后裔。

“义门陈”是赣鄱文化的独特品牌，她那忠孝仁义的家风对于当今社会文明建设有借鉴意义，她那乌托邦式的田园生活是人们向往的理想境界。义门陈又是江西旅游的后备力量，她位于赣北庐山——庐山西海——山水武宁旅游黄金线路的中间点，一旦成功开发将带来大量的人流资金流，数千万义门陈后裔就是一个有着巨大潜力的客源市场。然而，今天我们的研究还远远不够，对义门陈的研究成果不多、对义门文化的开发利用程度不高。当地政府及有关部门应当将义门陈的研究开发放在更加重要的位置，主动引导作为，突破家族界限，整合各方力量，让义门陈这一“世上无双、天下第一”的家族文化再次展现出强大的影响力，为江西经济社会发展贡献力量。

天才解缙

世界第一部百科全书总编纂

中国对联第一人

大明帝国第一位内阁首辅

朱元璋：朕与尔义则君臣，恩犹父子

朱棣：天下不可一日无我，我则不可一日无解缙

一、沃土神童

解缙，字大绅，号春雨，江西吉安府吉水县人，明代内阁首辅、右春坊大学士、著名文学家和书法家，《永乐大典》的主持纂修者。

1369 年 12 月 6 日，大明建国第二年，解缙出生在吉安这片文化沃土之上。吉安古称庐陵，是中国古代著名的文化中心之一。这里民风淳朴，人心向学，名家辈出。据史料记载，这里历史上出过“状元十五人，榜眼十六人，探花十四人，进士三千多人”，“隔河两宰相，五里三状元，十里九布政，九子十知州”是流传在这里的美谈。

解缙画像

庐陵文化的精髓是文章节义，其精神实质是刚正不阿，忠诚正义，舍身报国。文坛领袖欧阳修、民族英雄文天祥、抗金名臣杨邦乂、“脖子最硬者”胡铨、南宋名臣周必大、一代诗宗杨万里，都是庐陵文化的典型代表。

解家为庐陵世代书香门第，家族中人无论男女长幼，崇尚读书。在江西吉水鉴湖畔，很多人都知道解氏这个家族。其家学深厚，藏书万卷，世代苦读研习圣贤绝传，每一代族男中都有人中进士，做高官，甚至同堂会考，同时登第的现象也属平常。即便不愿做官的那些士人，也先考取进士，后隐居山野，参悟经学。据其族谱记载，从唐至清，共出了 48 位进士。

解缙的父亲名解开，早年考上国子监监生，因博学多才，人们都尊称他为“筠涧先生”。解开对儒家经典烂熟于心，精于《易》《书》等经典，学成之后，又先后拜会诸多大师，研习《春秋》《礼》《诗》。解开一辈子不喜做官，潜心研究古文辞和诗歌。明初，解开曾两次被官府以贤良之德邀请做官，都以父亲故去，需守节尽孝为借口而推辞。他一生心无旁骛，淡泊名利，主要致力于著书、办学、育才等，著有《书解》《文集》等多卷。

解缙的母亲高妙莹是位大家闺秀，性格贤良淑慧，从小在父母的熏陶下饱读经典，对经史、传记、天文、地理、医药、女红、烹饪皆很有研究，书法也颇为了得，尤其擅长小楷，字迹娟秀清丽，可谓多才多艺。孩子们在父母的熏陶和训练下，读书作画已成乐趣和习惯。解缙自小在这样的氛围中耳濡目染，日后其书法诗词皆佳，与父母兄弟的研磨熏陶不无关系。

解缙的长兄解纶，大他 11 岁，兄弟感情极好。解纶对解缙来说，为兄为父为师，皆不为过。洪武二十年（1387），解缙学有所成，奉父命参加江西乡试，解纶陪同，兄弟双双中选。第二年春天，兄弟俩与他们的妹夫黄金华进京参加会试，三人又同时登第，可谓解家一大喜事。解纶后来也在朝廷为官，先后任职福建道监察御史和礼部仪制司主事。但解纶跟父亲性情相同，不喜官场，终于还是找借口辞官，归隐家乡侍奉双亲。

解缙从小就有语言天赋，有超常的记忆力和思维能力，不仅反应快，应答迅捷，而且金句频出，因此十里八村都称他“神童”。在江西吉水县，至今还流传很多关于解缙的传说，对其机敏和睿智，多有演绎。大明年代，天赋异禀的才子、“神童”不胜枚举，而像解缙这样的幼童，算是特别突出的一个。

5 岁时，父亲解开挑拣浅显易懂的文章试着教解缙学习。谁知所教的书目，解缙全能脱口背诵。6 岁时，族叔祖解成我给他出了小题目，题为《小儿何所爱》。解缙脱口吟出四首，其中有二首说：

小儿何所爱？爱此芝兰室。更欲附飞龙，上天看红日。

人道日在天，我道日在心。不省鸡鸣时，泠然钟磬音。

解缙儿时的妙句无数，多数都是这样随口而出，不曾记录，只有少量的类似之诗，因为当时被许多人传录，便留存下来。人们纷纷惊叹这个 6 岁的娃娃吟出这样的诗来，其胸襟这样的开阔，语言充满哲理，气魄如此的博大。

解缙 7 岁就已经可以撰写文章和诗赋。他写字时，吸墨很厚，下笔不休，常常是蘸饱墨水，一挥而就。他不仅字写得特别好，还才思敏捷，遣词造句提笔即成。相传在他 9 岁时，跟随父亲一起到江边，小解缙看见水花潋滟，可乐坏了，一下子脱掉衣服跳入水中。父亲逗他说，快对句子，要不不许上岸，然后笑着把他的衣服放到树上，随后说："你听好：'千年老树为衣架。'"解缙想都没想，应声而答："万里长江作浴盆。"解开看着这个顽童，百感交集，似乎这个小娃娃并不像自己那样甘于平淡，言词抱负不凡，行事洒脱率性，如此志向，如此性格，不知道将来会遭遇什么福祸。

解缙到了 10 岁，解开看他如此聪慧，功课就加了量，小解缙仍不感到吃力，已经可以日背诵上千字以上的经书。12 岁的解缙就已读懂四书五经，能贯通理解书中义理，每每解开考问他一二，无不应答如流。13 岁的解缙，已经可以写很多有名的即景诗词了，如"云闲花秀丽， 风静竹平安。诗兴梅边得，琴清月下弹"和"蒲叶桃叶葡萄叶，草本木本；梅花桂花玫瑰花，春香秋香"等等，这样新颖别致、脍炙人口的句子，往往是脱口而出。

吉安民间有解缙两副经常被人提及的对子，可谓传说最广。一副是过年的春联，内容是"门对千棵竹，家藏万卷书"。据说，他把这副春联写完之后贴到门上，对面的财主看了很不高兴，觉得解缙在说自己虽有家财万贯，但不及他家自有书香，于是生气地派人将竹子全部砍倒，这样对联就不成立了。解缙看了，觉得好笑，就把对联改成“门对千棵竹短，家藏万卷书长”。那个财主更不高兴了，马上派人把竹篼也挖掉，心想看你这回还怎么改。解缙见状挥笔又改成“门对千棵竹短无，家藏万卷书长有”，一个“无”一个“有”，对得相当工整。财主气得无可奈何。这副对联被解缙从五个字加到七个字，字字对仗，逐次意深，十分巧妙。

另一副对联是解缙讽刺朝臣锦衣卫帅纪纲的。纪纲是皇上最宠信的内臣，为人奸诈，虽小有文墨，但喜欢卖弄，解缙早就看不惯他。一次在宴会上，纪纲当着朝中大臣们吟出“塘里水鸭，嘴扁脚短叫呷呷；洞中乌龟，颈长壳硬矮趴趴”的对子让解缙对，讽刺解缙身材矮小，其貌不扬。解缙也听出他不怀好意，也没客气，就回了个“墙上芦苇，头重脚轻根底浅；山间竹笋，嘴尖皮厚腹中空”，在场的大臣们听了，都知道是讽刺纪纲才学粗陋，为人浅薄。纪纲虽没当场发作，但恨意更增。日后解缙的确是死在纪纲的手中。

二、崭露头角

时光流转，解缙到了应考的年龄，父亲开始为他准备参加院试的行装。院试是进入科考的第一关，过了院试的考生叫作秀才，考中秀才可以留在当地县府开办的学堂学习，准备更高一级的考试。到了考试那天，解缙辞别父母赶赴考场，不想一考即中，轻松地取得了“禀生”的身份，就是秀才中成绩最优秀的一类。

到了秋天，八月枫红橘黄，解缙又奉父亲之命参加乡试。

乡试中榜就是举人，举人里的第一名叫作“解元”，乡试放榜一般在桂花飘香的九月。放榜那天，解缙跑去一看，还真就考中了，不仅成绩优秀，还拿了第一名“解元”的桂冠。消息传到解家，解开喜得合不拢嘴，感叹这最小的儿子，一路考场夺魁，不枉自己多年教诲，内心十分欣慰。

过了一年，解缙打点行装开始进京参加会试和殿试。会试和殿试可是关键的考试，因为只有通过这个考试，才算是真正的由“学优”而进入“为仕”的阶层，即是大多数读书人渴望的科举为官。会试和殿试其实是一个考试的两个环节，会试由礼部主持，考过了才叫作“贡士”，其中第一名叫“会元”。取得了“贡士”的身份后才可以参加殿试。殿试才是真正决定命运的时刻。简单地说，就是会试确定是否博学，是否获得参与国家管理的资格；而殿试决定是否可以担当重任。殿试一般是皇上或由其指派的大臣主持，出的题主要是考策论，也就是治理国家的大事。考中了按名次分三甲，一甲三名，依次是状元、探花和榜眼，叫进士及第；二甲若干名，叫“进士出身”；三甲也是若干名，称“同进士出身”。对读书人来说，这就可以开始做官了，“三更灯火五更鸡”的苦读，为的都是这一刻，所以人人都期盼在会试上考出好成绩，以慰寒窗。

解缙此次进京赶考，同行的还有哥哥解纶和妹夫黄金华。解父命三人结伴而行，相互照应。也许是“初生牛犊不怕虎”，解缙显得泰然自若。这样的考试只“因循义理，不求独立创新”，他就更觉容易了。会考的格式是八股文，解缙在学宫几年，每天都被训练用这种格式撰写文章，十分熟悉；至于文辞华丽，对他来说，更不在话下。

会试因为是最后一轮考试，直接关系到为国家选拔人才，所以考纪十分严格。大考在即，解缙和哥哥、妹夫，半夜即起，天亮已到皇宫门外，按着规矩鱼贯而入，被隔在斗室之中。解缙在考场中洋洋洒洒，妙笔生花，将平日所学尽洒长卷，对考试结果胸有成竹。会试结束后，三人竟同时中榜。这“一门三进士，兄弟同登榜”的喜讯不仅轰动京城，在吉水也传开了。解家悬红挂彩，祭祖谢宗，只等殿试结束，盼来更喜人的消息。

三人开始准备殿试，通过殿试之前的复试后，次日天不亮就来到皇宫之外，等候入场。殿试要考一整天，通常是黎明入场，黄昏才出场。明太祖朱元璋对这一次科考选才特别重视，听闻此次会试竟有“一门三位进士”同榜。赶紧调阅了一些试卷，只见一考生文笔灵动，论理丰赡，句句切中时弊，正是时下盛传为“神童”的解缙。此人乡试夺冠，会试第七，哥哥、妹夫同登榜第。再细细揣摩里边的内容，真是倚马千言，字字珠玑，内心早已赞叹不已，决定对他再考问一番。

到了那日，朱元璋宣旨召见登科进士，大家来到殿上。朱元璋看解缙混在一群成人之中，落落大方，事先就有好感。想起他在策论中出色的表现，而且人人都说解缙出口成章，智慧敏对，就想测试一下他的诗词功夫。朱元璋看大殿之上一片喜气，人人脸色如春风拂面，又看窗外绿柳依依，于是就以“春风”和“垂柳”为题目，让解缙当场赋诗。解缙从容展卷，运笔落字，瞬间赋诗一首：

慢慢春风入舜韶，绿柳舒叶乱莺调。
君王不肯娱声色，何用辛勤学舞腰。
御柳青青近绿池，迎来攫秀不违时。
皇恩天地同生育，雨露无私亦共知。

书毕呈上。朱元璋看他不慌不忙，援笔立成。不禁喜上眉梢，欲立即廷前点解缙为状元。这时有人悄悄进言，说皇上钦点状元，应取吉祥运势、顺国顺民、国泰君安的名字才好。解缙的名字不好，名和字中的“缙”和“绅”，虽然都是高官的意思，但是跟姓氏连上，寓意不祥。“解”字音同“泻”，国家的官员都遭流失，这样国家还能安存吗？此大不吉。原来，有大臣发现解缙的卷子，文辞太过尖锐，立论敏感直白，特别是对皇上提出的某些政见，针针见血。他抓住朱元璋比较信奉奇学异术的心理，编了上边一段话，想方设法要把解缙降下来。中国古代选拔状元，虽然看重学问，但对状元的相貌和名字也多有讳忌。外貌英俊的，自然代表国家才俊的形象；外貌奇丑的，或者名字不吉利的，肯定是要在点状元时受影响。朱元璋尽管很想点解缙为状元，但是听大臣这么一说，就有些犹豫，只好点了一个名字和相貌都不错的任亨泰为状元，预示大明“亨通康泰”；而解缙被点到二甲，给了个进士出身。日后史料证明，这个任亨泰，一生平平，并没有在历史上留下重要的印记。

解缙虽然失却状元头衔，但朱元璋心里知道解缙是可用之才，忍不住又对他考问几番，越发觉得解缙才学卓然，为人坦诚，是日后不可多得的人才，于是当即留在翰林院，授予中书庶吉士一职，负责起草诏书等事。解缙的哥哥解纶亦被任命在礼部任职。此后，解缙在翰林院每日学习，也试着处理一些文件，常傍皇上左右，探讨朝中政务，闲来也陪伴皇上吟诗作对。因其机灵敏捷，言辞谨慎，渐渐得到皇上的信任，朝中大臣知他日后有大作为，纷纷对他另眼相看。

在翰林院工作后，解缙很快就展露出卓越的政治才干。朱元璋慧眼识人，发现他对政、史都颇有心得，为人也风趣幽默，十分喜欢，君臣相处越来越融洽，有时甚至用膳都要解缙陪着。一日，朱元璋与解缙一起在大庖西室用膳，二人越谈越投机。说到动情之处，明太祖就对解缙说："朕与尔义则君臣，恩犹父子，当知无不言，尔试举今日施政所宜，直述以闻。"意思是说，从国家社稷而言，我们是君臣，但情如父子，你从会试到现在也接触不少政事，有什么想法，都应该坦诚说出来，不能隐瞒。解缙毕竟年轻，觉得明太祖的这番话情深意切，自己的满腹经纶要用在皇帝的社稷江山上，才不枉这份深情。

饱含对皇上的信任和精忠报国的热忱，解缙连夜修书，并以"封事"的形式交给皇上。"封事"是朝中大臣遇到重要的事情所用的一种密奏皇帝的形式，就是将写好的奏章，双重加封放在一个黑色的袋子里上呈，以示重要。朱元璋详细地批阅了这封长达万字的谏书，读得时而热血沸腾，时而冷汗淋漓，称得上是惊心动魄。这封鸿篇巨制的万言上疏，就是历史上著名的《大庖西封事》。

在这封奏书中，解缙忠肝义胆，直言坦陈，从当时国情的现状说起，就帝王读书的选择，到国家律政的颁布；从扬善惩恶的必要，到奖勤罚懒的推行，要求皇帝严肃朝章，减免重税，以德代刑，赏褒善政。文中字字直指时弊要害，句句直戳皇帝内心。解缙毕竟饱读经史典籍，知道直言谏上的风险，他把所有错误都归结于皇上身边没有谏诤之臣，不能及时奏禀实情，江山之大，非皇上一人可及也。盛赞皇上乃绝世英才，古往今来，不靠祖荫庇佑，只身夺得天下，除汉高祖之外，唯有朱元璋一人。解缙这篇万言上疏，从读书、用人、刑典、税赋、军事和社会风气等方面都细细地加以剖析，可谓是言之凿凿，用心良苦。

解缙认为，书籍有良莠之分，皇上应当弃佛学道教、星术占卜等旁学杂论，读古圣先贤之经典；并建议编修儒学类书作为朝纲的执政精要，重修《礼经》《乐经》，以孔孟之尊，师表万民。他还认为，皇上不应过于信奉星术迷信，禁止娼优杂艺，对蛊惑民众之举要予以禁绝。解缙还提出知人善任的必要。他指出现行的官员制度中，需要大胆改革。他力主严肃纲纪，择人择贤，整合县府，精减冗员。对阿谀奉承、溜须拍马、无所作为的官吏要革黜罢免，以正朝纲。对官员的考核，不能仅以皇上的喜好为标准。

解缙反对重典酷刑，认为皇上“以不嗜杀人得天下”，而真正得到天下后，却杀戮过多，用刑典过重。“无几时不变之法，无一日无过之人。”奏折中，解缙还阐述了国家赋税科敛的重要，认为丰年灾年，税赋要有区别，灾年少交赋税，丰年适当增加。另外土地肥沃和土地贫瘠地区的税收也不能一概而论，丰沃地区多产米粮，多交一些，贫困地区适当减免，在受灾严重的地区要开仓赈粮，救助百姓，禁止征税时出现欺辱平民的现象。

奏书的最后，解缙还提出不要忌兵讳武、粉饰太平，国家军事力量是保家卫国的重要保障，要大力开展全民练兵；为了鼓励习武，不仅要开文科状元，也要开武科状元，做到盛世有备，战时不惊，才为上策。

可以说，解缙秉笔直书的坦白，让明太祖朱元璋也大吃一惊。朝廷太久没有谏臣了，而解缙这次几乎指出明朝社会现存的所有重要问题。在第二天朝廷的晨会上，朱元璋当廷公开宣读，听罢廷下一片哗然。朱元璋这个聪明的皇帝，终于借用解缙之事表明自己是一个善于纳谏的好皇帝，杀戮归杀戮，朝议归朝议，重臣皆称颂朱元璋："我皇如此匿瑕含垢，大明之幸也。"通过此事，解缙名满朝野，因该封事被皇上肯定，文章也的确妙语连珠，竟在天下广为传颂。

"人怕出名猪怕壮。"解缙的出名，赢得一些人的敬佩，也遭到一些朝臣的嫉妒。解缙到底是年轻，不懂顺势低调和与人分享的道理，不久又向朱元璋上奏一封上疏《太平十策》。这次他再次阐述自己的新政观念，内容虽与上次封事相近，但是也做了提升和补充，并且在文辞中颇下了功夫，从行文到论证，从例举到用典，字斟句酌，语气也十分温和。但朱元璋并没有表态。

三、被贬蛰伏

两次上奏的初战告捷，让解缙踌躇满志，情绪高昂，丝毫没有注意到皇上和文武百官已经开始对他疏离。这个意气风发的少年，浪漫而无畏，终于让他的仕途走向危机。

首先是他与兵部尚书沈溍的矛盾。沈溍是比解缙早几年的进士，也是一博学才子，做过兵部尚书、工部尚书，可谓是深谙为官之道，在朝廷上多有威望。沈溍有一亲信，因与人发生口角，将人打伤，被打者伤势不重，沈溍已作相关处置。解缙向皇上进谏，说兵部管理不善，士兵纪律松懈，时有扰民事件。皇上听了，知道沈溍是朝廷重臣，纵有小小瑕疵也不为过，就想草草处理。沈溍赶忙向皇上陈奏，言说经过，并表示以后定会加强管理，杜绝此类事件发生，那个亲信也做了降职处理。经过此事后，沈溍内心不快，已将解缙记上一笔账。

那一天，解缙有份差事，需要到兵部请调差役，当差的恰好是沈溍的那个亲信。他心存怨恨，见到解缙自然百般刁难。解缙当即大怒，历数兵部不作为，不改悔。有人就笑话解缙个矮貌丑，惹火解缙，与那人对骂起来。世间流传解缙的那首“世人笑我矮矻矻，我笑世人着衣多。倒吊起来没点墨，身高一丈又如何”，就是那时的怒言。事过之后，沈溍先发制人，来到皇帝面前告状，说解缙骄狂不检点，到兵部请调兵役，恰逢调配繁忙，没有及时派给，就大闹兵部；且出言不逊，有辱斯文，有诗为证。朱元璋听后非常不悦，认为解缙与一个士官争吵，有失身份，虽未责罚，却认为“缙以冗散自恣”，从此对解缙降低了信任度。

第二年，又发生他为李善长辩冤之事。李善长一生谨小慎微，还是没有逃过开国君王与开国功臣之间矛盾争斗的悲惨命运。李善长死后一年，虞部郎中王国用找到解缙，恳请代他写一篇奏疏，并不要求解缙署名。解缙听后慷慨激昂，当即写了封《论韩国公冤事状》的奏疏。没想到这封奏疏递交后，成为他在朱元璋心目中跌落的第二个阶梯。朱元璋看后勃然大怒，要杀王国用，就有朝臣说这不是王国用所写，是解缙的代笔。朱元璋听后更加大怒，将解缙叫来，怒气冲冲地将一根荆棘手杖抛到殿下。

此事过后，朱元璋对解缙开始产生不满。而解缙并没有汲取教训，仍然替人代写草疏，处处与人争执。朱元璋认为他极不成熟，容易惹是生非；又可惜他满身的才华，最后还是做了折中，决定将他调到江西洪都，做监察御史，待他在地方上磨炼一段之后，再行任用。

解缙来到江西，并没有认为这是皇上对他的贬谪，反而觉得是皇上对他信任，交给他一项重要的任务。解缙似乎没有悟透朱元璋的苦心，仍然行事如初，与地方同僚相处也不太融洽，加之少年得志，为人行事都有些随意，半年也没融入当地。随后，又再次发生了代夏长文草疏弹劾都御史袁泰的事件。

朱元璋十分不悦，决定让他带薪还乡，令其读书修史，以观其后效。自此，解缙回到了吉水研读学问，长达 8 年。每日除早晚到父母身旁请安，其余时间解缙都把自己困在书斋里。这一段时光，解缙学问精进，他对诸子百家之论，甚至之前劝皇上弃读的那些佛学道义方技之书，都一一研读，对“天道”的理解，对生命的奥妙和命理的神秘，皆有新的认识。这一段读书的经历，让解缙本已博学广览的知识面更加深厚。这为他之后完成明成祖布置的修史任务，以及后来《永乐大典》的纂修，都打下坚实的基础。

这8年时间里，解缙还有一个重要收获，就是诗歌和书法大有进益。他写了《过彭蠡望庐山》《书学源流详说》《说诗三则》《书学详说》等文章。除读书著文，解缙还捡起以前喜欢的书法，每日临帖揣摩，书法艺术更为成熟。解缙最擅长草书和小楷，他的小楷，筋力丰厚，端庄秀气。他的狂草，更像他的性格，奔放不羁，似乎在诗文中不敢释放的情绪都在此释放。狂傲纵骋，用笔生辣，看后让人神情激荡，酣畅淋漓。

一晃，解缙归家已是第8个年头。这一年解缙母亲去世。解缙按着母亲的遗愿办了丧事，决定守灵3年，再入土下葬。母亲走后，就传来了皇上驾崩的消息。解缙顿觉五雷轰顶。赶快打点行装，拜别父亲，马不停蹄地赶到京城，想去祭拜先帝。先帝没有祭拜到，却接到被弹劾的通报。说他母未葬，父九十，擅自离乡，此乃不孝；皇帝让他归读10年，8年来京，不遵皇命，此乃不忠；外官入京，违反擅离信地诏令，此乃违法乱纪。解缙作为昔日朝官，该明理知法，却犯下如此罪状，实当重罚。解缙一听，晴天霹雳，自己一片忠心，竟凭空飞来横祸，只恨小人得志，陷害忠良。最后，建文帝将解缙贬至河州卫，做个小吏，并且令他不得停留，即刻动身。

河州，今甘肃兰州的西北，距京城千万里，又名枹罕，广居汉、回，蒙古及东突后裔东乡和撒拉族，明王朝亦为边塞，自古为兵家必争之地。这里地处高寒，民风不化，各种居民时有纷争，一直是罪臣和囚犯的归属地。解缙一个江南书生，身体又弱，耐不住这里的霜寒。想着8年的苦等，却换来如此的结局，实在让人心寒。解缙也想过在这里有一番作为，开蛮夷之教化，传儒典之精华，可是他几经筹设，皆以失败告终。他知道自己人微言轻，难以推行，忽觉自己这满腔的抱负，一身的学问根本无处可用。转眼深秋，天气渐寒，解缙所带衣物皆为江南薄衫，遂需添置一些冬衣以御风寒，薪水微薄，买不起毛皮，只能添些厚夹袄。人生如戏，世事难料，可叹当年那个意气风发的才子，如今落得如此窘迫。

解缙在河州苦苦待了半年多。一天，他突然想起曾与之交往密切现任礼部侍郎兼翰林院大学士的昔日同僚董伦。于是，解缙冥思苦想，写下一封情真意切、言辞中肯的书信给董伦。董伦是个正直而善良的老臣，对解缙备感同情，从中做了不少工作。没多久，皇上宣旨，召解缙回京，授予他一个翰林待诏的职位。这是一个九品官职。解缙也顾不得官位的大小，赶紧打点行装，一刻不停地返回京城。

四、辉煌时光

靖难之役后，朱棣当上皇上，杀掉一大批朱允炆的余党。一些大臣降顺了他，也有一些朝臣宁死不降。解缙属于归降的那一类，他自有他的理由，并劝说自己的好友胡广、李贯等一众文臣，一起拥戴朱棣。

解缙觉得，自己虽然投靠了朱棣，但不算逆臣。一则自己初入京城，建文帝并未重用，反倒将他发往河州。其二，建文帝虽然仁慈孝悌，但是缺少决断，而燕王聪慧刚毅，有勇有谋，能成大事。三则朱棣也是皇家血脉，换皇帝只是他们的家事。

朱棣夺位登上帝王的宝座之后，最重要的事情就是诏告天下。而这个写《登极诏》的人选却需好好筛选，需找一个德高望重、文采斐然的，最好是建文帝的旧臣才好。朱棣首先想到的是方孝孺。方孝孺是建文帝最亲近的大臣，他破口大骂，痛斥朱棣夺权的行径。这大大惹怒了朱棣。他当着方孝孺的面一个一个地杀死他的亲人。方孝孺强忍悲痛，宁死不屈，后被处决于江苏南京聚宝门外，时年 46 岁。朱棣又找宋濂的另一弟子楼琏，楼琏不敢不从，当廷答应。回到家中，悲愤交加，含泪吊死在家中。相传，大臣姚广孝推荐了另一个人来，这个人就是解缙。他欣然上前，朗声接旨，并提笔洋洋洒洒，一封文辞华丽、生动感人的《登极诏》灿然成书。朱棣见解缙挥洒自如，瞬间而成，顿时大喜，即可诏告全国。

朱棣遂将解缙从原来的九品待诏提升为六品翰林侍读，又嘱托解缙为他推荐年轻稳重、知识渊博、学业有成、能办大事的人，组建内阁。解缙于是将胡广、杨荣、杨士奇、金幼孜、胡俨等人推荐给朱棣。朱棣严格考察之后，将他们纳入内阁。解缙不久便被任为内阁大学士，并由此成为大明第一位内阁首辅，参与朝廷最高的政务，开启了他人生中另一个光辉灿烂的政治巅峰时期。朱棣对解缙给予高度评价，说："天下不可一日无我，我则不可一日无解缙。"

朱棣虚心好学，治国有方，使明朝出现史上著名的永乐盛世。在朱棣统治的时代，国家富裕强盛，百姓安居乐业。他还亲率朝师五次伐北，剿灭元朝残余势力，稳定国家的安宁，保护国家领土的完整。他变革朝官制度，扩大外交，安排郑和七下西洋，将中华文明传播到世界各地。在他执政期间，还完成

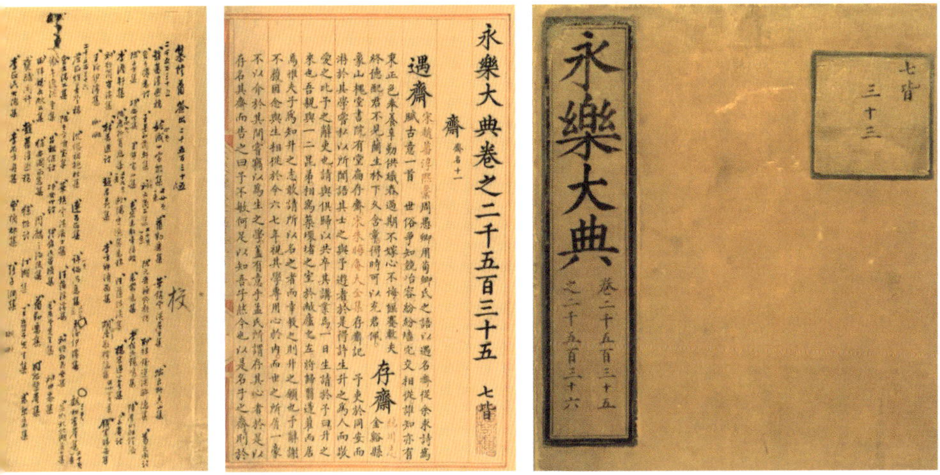

解缙《永乐大典》

史上著名的《永乐大典》，大规模地修葺大明宫殿，并将京都迁往北京。

解缙在朱棣执政时所做的另一特殊贡献，就是总裁《明太祖实录》，为朱棣登极之后的政权稳定起到了重要的作用。朱棣登基以后，略过建文帝，直接开始编写《太祖实录》，从根本上否定建文帝存在的合法性。朱棣又一次想到解缙。

作为朱棣的朝中重臣，解缙责无旁贷。解缙一改认真较劲的脾气，觉得只要朝政稳定，人民安居，这种顺人心之举，也算一件善事。解缙编纂了让朱棣满意的《太祖实录》，书中体现朱棣提出的所有要义。一是找到证明朱棣作为皇帝的合法性，称朱棣是朱元璋和马皇后嫡生，这样就确定了朱棣嫡子继位的合理性。二是证明朱棣登极的合法性，抹去靖难兵变的一些事实描述和来往文书。解缙在修纂中十分仔细，将查阅的存档资料 1000 多份和建文帝编的实录一并修改，删除所有痕迹，严格按照“凡记录章典制度留下参用，谈及燕王和诸藩王及怂恿朱允炆削藩的奏章销毁”的要求。经过夜以继日的编纂，只用不到一年的时间就完成《太祖实录》修纂。朱棣拿着解缙送过来的新书，很是满意。

朱棣是一个心细的皇帝，《太祖实录》编纂之后，史料上对自己不利的地方虽然删减干净，但是散落在民间各处的书籍，难免还有遗漏，朱棣决定借助搜集古今典籍，编一部类书的机会，清理隐落在各处的文史书籍。想到这里，朱棣再一次把解缙找来，对他谈出自己的想法。解缙一听非常高兴，这和自己刚入朝时跟太祖提的建议不是一样吗？

不久，朱棣就下令开始编纂这部类典，宣诏以解缙为总纂官，把散载在各个书籍中的古今中外之事，分门别类，统一辑成一本类书。解缙召集人马，量才而用，经过筛选，组成一个147人的庞大队伍，日夜查阅。解缙不愧是博古通今之才，于天文、地理、医药无不览阅，执笔的书录人员，遇到疑难问题，前来垂问，从不滞缓，随问随答，令众人叹服。他组织大家查阅大量的书籍，以“刊定凡例，删述去取，并包古今，搜罗隐括，纤悉靡遗”为宗旨，把历代文献理出分类，做到统汇古今，大大小小的事件都标注精准。经过两年多的努力，解缙和参与编纂的人员终于将这部巨著捧到了朱棣的面前。朱棣欣然翻看，亲自写序，赐名为《文献大成》。到此，这本类书的编纂才告一段落。

可没多久时间，朱棣觉得这部类书的骨架和经纬虽已具规模，但仍然有很多地方还不够完善，总体不够宏阔，内容不够丰满，文字也应再雕琢。于是决定再次修改订正。这一次编修的队伍急速扩大，是原来的几十倍。解缙仍然做总监修，又请来国师姚广孝以及刘季篪同为总监修，从翰林院和国子监又调来总裁 5 人，副总裁 20 人，从朝廷礼部及县府抽调一大批官员和擅长书写的生员，三次张贴皇榜，广纳贤才，随时吸纳更多的儒生补充力量，编纂队伍最后竟然达到 3000 余人。其声势和规模之大前所未有，从事抄写工作的人不计其数。由于人员之多，组织工作也更庞杂，解缙将这些人分成几个部分，每部分又分成不同的组。所有人任务明确，分派精细，采买、分类、撰写、抄录、整理、装订、排序、校阅，每日定时通报，疑难及时解决。所有人皆聚于文渊阁内，足不出户，早晚膳食有精细供应。解缙统领有序，按照朱棣提出的“有书必录”的原则，紧锣密鼓地进行着，表现出他广博的学识和坚强的领导组织能力。

永乐五年（1407）第二次修订的这部类典定稿进呈，这一次真的做到“网罗无遗，以备考索”。朱棣看后，总算满意，大笔一挥，将《文献大成》改为《永乐大典》，并为该书作序。《永乐大典》的编成，体例上没有更多的变化，只是在“数量”和“范围”上下足功夫。全书共有 22877 卷，共收录史书图典七八千种，共 11095 册，约 3.7 亿字，比宋代和元代类似的书典多出七八倍，涉及古代政治、经济、文学、艺术、科技、医药等各个领域，囊括明朝之前中华文化的全部精华和科技进步成果，被誉为“世界有史以来最大的百科全书”，成为中国文化的一个经典符号，比《大英百科全书》早出 300 多年。

《永乐大典》的编纂，开了我国编辑史上的一个先河，在类书以类编排的方式方法上做了改革和创新。这种在一个内容上无限扩展，旁征博引，溯古源今，努力集天下之大全的做法，是以往任何书籍没有的。最难能可贵的是，《永乐大典》抢救了大量遗失在民间的珍本和佚书，并将它们的原貌保存下来，使我国从秦代到明朝的许多珍贵的秘典和古籍，因这部书的编录而完好地保存下来，为后来中国古代历史文化的研究提供最准确的资料，特别是为研究明初以前的历史提供重要依据，是校勘古籍的重要底本。

对于朱棣来说，《永乐大典》编纂的初衷之一是想清理留在民间对他不利的书籍，但这部浩大的典书的编纂，真实而及时地保留了中国历史中最重要的资料。从这个角度来说，朱棣这个皇帝，功不可没。而解缙，正因这部奇书，奠定了他万世流芳的历史地位。

五、雪地忠魂

解缙被纳入内阁至位列首辅之后，开始放松警惕，平日跟皇上议事，开始直言不讳，对朝中众人的评议也是实话实说，率性褒贬。很多内阁同僚都觉得他骄傲自大，有急功冒进之嫌。当年与解缙同入文渊阁共事的黄淮、胡广等人，也与解缙有些矛盾。

皇上请解缙评点各位大臣优缺点。解缙直言拜上，但评鉴的优点话语不多，缺点倒是不少。朱棣听后有些不悦，但表面上不动声色。其实朱棣让他评点大臣是想看一下解缙对人的评议是否中肯，解缙的回答，让他有点失望。太子朱高炽知道后，拿起笔在纸上又写出了两个人的名字——尹昌隆和王汝玉。解缙知道，这是太子的近臣，他想了想后说：尹昌隆是一位诚实君子，但气量不够；王汝玉学识渊博，是不可多得之才，但为人过于利益权衡。在解缙的口中，长处被轻描淡写，短处则不留情面。然而，没有不透风的墙，这件事很快被传到朝中。

解缙口无遮拦，自然使他得罪很多权臣，但让他真正陷入僵局的，却是太子之立。任何一个朝廷，立太子都是大事，它是关系到皇权所属、天下归谁的大问题。历代皇帝，在立储之事上无不伤透脑筋，而史上因立储骨肉相争、父子相残的事件不计其数。朱棣没有像朱元璋一样，儿女无数。他只有三个儿子，而且太子的人选他只锁定两个，一个是长子朱高炽，敦厚仁义；一个是次子朱高煦，勇武强悍。朝臣们分成两派，一派主张立长，拥护朱高炽，认为立长是祖宗规矩，而且和平时期的国家治理，更需要像朱高炽这样学识品性都好的人；一派支持立“贤”，拥护朱高煦，认为他沉稳英武，又在靖难之役中立下赫赫战功。朱棣心里也不想立朱高炽，认为他虽宽厚勤勉，但性格软弱。朱棣喜欢和自己相像的朱高煦，胆大心细，英武果断。朱棣问解缙，解缙回答说长子仁德明达。朱棣听了半天，也没有听到立“贤”的声音，遂触动内心的伤疤，自己就不是长子，当初父皇如果立贤，自己哪一方面比大哥差？解缙看他沉默不语，只好轻轻地说了句“好皇孙”，便低头不语了。朱棣一愣，内心恍然大悟。原来朱棣特别喜欢长子朱高炽的儿子朱瞻基。

解缙的这一句话，点醒了朱棣，他立刻做决定，立长子朱高炽为太子，次子朱高煦为汉王。朱棣的这个决定日后证明是正确的。朱高炽继承皇位不久便因病而亡，朱瞻基继承皇位，体恤百姓，国力发展壮大，民众安居乐业，出现后世令人称颂的“仁宣”之治。

与此同时，失去太子之位的朱高煦并没有死心，他不断想尽各种办法找机会打击太子及支持太子的人。朱高煦深知父皇内心的纠结，故意继续结识新贵，频繁往来，甚至在出行礼仪上都超过太子。解缙认为臣子应维护朝廷秩序和皇家尊严，便上书皇上请约束汉王的言行。朱棣这次对解缙非常反感，认为他过多地介入自己的家事，离间骨肉亲情。

适逢安南国发生事变，风波再起。交趾即今越南，原称安南，因是明朝的属国，凡国家重要之事都要向明朝皇帝奏报，特别是王位的继承这等大事。安南国的大臣乘靖难之时，杀死了原来的国王，取而代之。朱棣听罢怒从心起，这分明是蓄意谋反，藐视大明，立刻宣旨责令安南王即日退出王位，前来领罪。安南王表面应允，暗中调配军队，并在朱棣派出大臣督令时，企图谋杀。朱棣大怒，下诏立即发兵安南。行前在廷上商议，不想解缙竟然当廷反对。他认为安南远离大明，人员状况复杂，主张疏导，先安抚后教化；武力强压，有恐反叛无常。朱棣盛怒，当廷斥责解缙，并在七月下令出兵，大军压境。安南军难抵大明强将，叛乱很快被平定。也就是在这一年，朱棣索性将安南变成大明的一部分，更名交趾，设立三司布控，陆续派许多汉人进驻管理。适巧在这时，宫中传出朱高煦不满父皇立储，暗中在藩地招兵买马，欲效仿父皇兵变的传言。解缙闻知，立刻前来进谏。

但朱高煦也不是吃素的，此时他早已先行进京，向朱棣状告解缙泄漏朝廷机密之罪，声称就是解缙将太子立储的经过说出去的，进而引发两派大臣廷前对立。且试卷不公之事影响恶劣，当贬。朱棣对解缙已是容忍已久，此时更是完全压抑不住自己的愤怒，将解缙派往广西做布政司参议。解缙在朝廷中的官职是五品，现在广西做布政司参议是从四品，看着光鲜，实际上是远离权力中心。永乐五年（1407）二月，解缙被以“廷试读卷不公”贬至广西，这年他 38 岁，开始第二次贬谪流放的生活。

解缙万万没想到，当他历经跋涉到达广西时，皇帝调任他去交趾的诏文早就躺在广西布政司的桌上，要求解缙即刻奔赴交趾，改派其到交趾督粮。原来，礼部尚书李至刚在解缙刚刚离京起程时就向朱棣上奏。他说解缙离间皇家骨肉、阻挠出兵安南也就罢了，这次解缙调任广西，一路游山玩水，并在沿途吟诗作画，发泄不满情绪。朱棣索性依从李至刚主意，再次下诏将解缙调任。

交趾稳定之后，解缙也就完成督饷任务。在广西的这几年，解缙常年颠簸在运粮的山路上，身心疲惫，将所感所思都倾注在诗文上。他特别想念家人，于是向朝廷请假打算回京探望家小。决定从广东走，绕道回到老家吉水一趟，看看父老乡亲，再去京城。

解缙一路沿水路、旱路跋涉，好不艰辛，发现沿途的交通状况并不乐观。准备草拟上疏一份，建议皇上开渠。回到京城，解缙才发现朱棣不在京城，已远赴北京讨伐蒙古，朝廷暂且由太子朱高炽监国。解缙想到行臣子之礼，既然回到京都，总要拜见一下储君，他去太子府拜见朱高炽后，简单汇报了在交趾这几年的经历。

解缙回京的消息被一直监视解缙动态的锦衣卫捕获，并将解缙私自觐见太子的事汇报给朱高煦。朱高煦盯上解缙之后，与同样被解缙得罪过的锦衣卫首领纪纲一拍即合。朱高煦立即派人到朱棣面前汇报，说解缙私自回京，并密会太子，用心险恶。

解缙哪里知道自己又一次大祸临头。朱棣紧急回朝，太子朱高炽因病接驾来迟。朱棣心中闷闷不乐，更觉内有蹊跷。朱高煦这时亲自来到父皇面前，又重新历数解缙的不轨行径，包括挑拨皇室关系，沿途散布消极言论，私自来京，暗中勾结太子等。纪纲也在一旁添油加醋。朱棣越听越怒，当即决定立即抓捕解缙。为了不打草惊蛇，以掩人耳目，对外宣布召解缙回京议事。解缙闻听大喜，自己正愁不得机会向朱棣上谏修建水道之事，将精心修改的《开凿赣江通南北奏》再次修订，一心要面见朱棣，详细地把修水渠运河的计划讲给朱棣听。

解缙刚到京都，锦衣卫就立刻将解缙逮捕入狱。解缙万般诧异，不知道自己到底犯了什么罪，大喊冤屈；见无力改变，又央求狱官将《开凿赣江通南北奏》上呈皇上。汉王顺势勾结锦衣卫纪纲，指使狱吏在牢里对解缙严刑逼供，以坐实其“大逆之罪”。解缙本来就瘦弱的身体，重刑之下几乎送命。不久又传来噩耗，解缙的哥哥解纶病逝，时年 54 岁。解缙因在狱中，不能前往，兄弟情深，一朝永诀，只能暗自号啕。由于悲伤过度，从此也一病不起。王汝玉、李贯、朱纮、萧引高、高得抃等人也相继被虐待、受饿，生病而死。解缙遇到一个敬重他的狱卒，暗中经常照料，才在狱中挨了5年。

永乐十三年（1415）年后，一场大雪飘扬而至。这天，皇上照例让纪纲拿出牢里犯人的名单，想在元宵节时赦免一批，看到名单上赫然写着解缙的名字，面无表情的脸上一片沉静，沉吟半晌，才慢慢地吐出一句：“缙犹在耶？”纪纲一愣，暗自偷窥皇上的面容，在这张饱经风霜、久经沙场的脸上，他没有看出任何表情，于是答道：“是，还活着。”接下来，没有人说话，周围除了皇上缓慢而用力翻动纸张的唰唰声，还是一片死寂。

回到狱所处，纪纲百思不得其解，最后从皇上用力翻阅的手指上找到答案。于是，他备好烈酒，来到狱中，让狱卒将解缙带出来，又端出几个好菜。解缙好酒，说“就是死也要先喝顿饱酒”。一语成谶，这顿酒就是解缙的送行酒。纪纲把解缙灌醉之后，趁其酒醉不醒，将其拉到冰天雪地里。白茫茫的雪仍旧下着，悄无声息。解缙沉醉在雪地里，静静地逝去。这个人们公认的才子，就这样冻死在雪地中。那年，他才47岁。解缙出生时，曾经有人看到一道白光掠过；死后，仍然有一道白光升腾，在场的狱卒都暗自惊奇。

解缙的死讯传出，皇上没有言语，但也算死无对证。谋反的下场必定是殃及家人。解缙的妻子、儿女和宗族立即被流放辽东，财产充公。解缙惨死后，友人将其草草置于郊外之寺，后由亲属将棺柩带回吉水，悄悄葬在仁寿乡山脚下。其间朱棣于永乐十七年（1419）迁都北京，永乐二十二年驾崩于出征蒙古途中。随后太子朱高炽继位，称明仁宗。他查看解缙对朝臣的评鉴后说："言缙狂，观所论列，皆有定见，不狂也！"于是下令赦免解缙的家人，使其宗族得以回归故土。英宗朱祁镇继位后，归还解缙家产。解缙死后50年，宪宗朱见深恢复解缙的官职，修复解缙的坟墓，追赠为"朝议大夫"，谥号"文毅"，由此，解缙被称为"文毅公"。明王朝终于给了解缙一个公正的交代。

六、功过是非

由于种种原因，明清之后的一些历史资料上模糊了解缙的一些功绩，但其故事在民间广泛传颂。有些传说甚至神化解缙，把他作为一个敏辩、灵慧、果敢、除恶的象征，使他成为江西才子中传说最多、流传最广、最具戏剧性的人物。

解缙的早逝，固然让人遗憾，但他在明朝政治、思想、文学、艺术和文献上的贡献有目共睹。被公认为"义节千秋壮、文章百代尊"。政治上，他历事三代皇帝，虽是一个有缺陷的政治家，但一生光明磊落，忠君爱国。特别是在明太祖和明成祖时期，提出许多利于社会稳定和文化繁荣的举措。在文学史上，解缙占有一席之地。他的诗文自成一体，风格独特，在明朝以"台阁体"为主导的文坛上，有如一缕清风，清新浪漫，热情奔放。解缙写的人物传记也极具特色，他八年归家修史，所撰经史人物，入木三分，生动形象，笔法可比司马迁之神韵。在书法艺术上，解缙独树一帜。他的小楷俏丽端庄，狂草却肆意奔放，世人常有所求，以拥有一帧为荣耀。其作品多收在《草书自书诗卷》中，《游七星岩诗》是解缙最著名的作品。在文献史上，解缙也有着突出的贡献。《明太祖实录》《永乐大典》和《古今列女传》都在我国编纂史上占有重要的地位，特别是《永乐大典》的编纂享誉中外，在我国的文献学上有着划时代的意义。

解缙是一个难得的人才，无论在政治上、文学上、书法上都做出举世公认的成绩，虽然历经磨难，英年早逝，令人遗憾，但他称得上是一位忠臣、贤臣，不愧于“大明第一才子”的称号。解缙以其出众的才华，在中国文化史上占有一席之地，为后世留下宝贵的财富。

掩卷而思，在浩瀚的历史长河中，卓越的人物不胜其数。而解缙短暂又波澜壮阔的一生，令人长叹。此后发生的事情证明，解缙所力谏并坚持的议项全部应验。其一，太子的确是位仁君，汉王朱高煦最后果真造反。其二，朱棣出兵安南，设郡县，改交趾，果真叛服无常。其三，修建水渠，连通南北水道，必是名垂千古的一项壮举。其四，解缙对朝臣的评议，虽尖锐，但客观中肯。

解缙的悲剧不仅是个人的悲剧，也是历史的悲剧。他不乏才华，却不懂封建帝国的游戏规则。家族的背景和成长的环境，使他养成一种自我意识极强的个性；敏锐的头脑和好胜的心气，让他自始至终都执着于自我实现的主观臆想里。说到底他只是一个文人，有那个时代文人特有的抱负和局限。解缙这样的官员，只有在明初才可能产生，而且很难再出第二个解缙。所以解缙才能成为独特的“这一个”，即典型环境中的典型人物。

明初社会发展的要求和皇权高度集中的矛盾，让解缙在夹缝中难以释放出全部的潜能；而他身上的某些性格特点，也是成为他悲剧的一个重要原因。从他的个性来看，只有跳出官场的旋涡，满身的才华和智慧才可能得以倾力释放。解缙作为一个难得的编撰家、文学家、书法家，研究他不仅对研究明朝历史和中国文化史有很大的帮助，从解缙的一生中，我们也可以得到很多的有益启示。

1. 凡事不能蛮干，既要认准目标，又要讲究方法。

杨士奇和解缙既是老乡，又是同时代的官员。除了因太子之争受到短暂牵连之外，一生平顺，他不仅顺利地实现自己的政治愿望，个人和家庭生活也没受到影响。在立太子之事上，杨士奇跟解缙的态度一样，但他明白模糊自身的派系标识，以致让朱棣这个敏锐的天子觉得他是没有派系的。而实际上他是坚定的太子派。他是太子的老师，师生这份情谊，让他鼎力支持太子。他懂得巧妙地维护太子。在朱棣出征归来，汉王朱高煦密告太子有谋反之心时，朱棣问杨士奇太子在京的表现。要是杨士奇说太子这一段多能干，难免皇上会起疑心，是在与皇上做能力的比较；要是说不能干，就贬低了太子，等于说皇上太子立得不好。聪明的杨士奇只是强调皇上不在朝期间，太子很努力很勤政，懂得听从大臣的意见，不合理的地方也很有自己的主见。这天衣无缝的回答，既让皇上避免产生太子过于能干，可以独立执政的担心，也避免说太子不能干而违背本心。反观解缙一直是高举着大旗的太子派。皇权争夺就是一场战争，不懂得利用掩体，终会牺牲。

2. 善于选择，合理定位，找准自己的人生位置。

解缙是一个出色的学者，如果他不是一头扎到皇权的斗争中，而是致力于自己擅长的文史研究，历史上也许就会又多出一个旷世鸿儒。朱元璋让他十年归读，父亲解开就悟出他将要走的路，知趣地很快带自己的儿子回家。俗话说“行家一出手，就知有没有”，皇上和父亲都看出他性格中的弱项，如果解缙能从此潜心学问，后来的悲剧也许就能避免。哥哥解纶在他被贬谪河州时，也劝过其辞官归乡。从解缙的一生中我们也看出，他最出彩的表现都在著书立论上，历史给了他这样的机缘，让他在所擅长的领域里绽放精彩。但解缙把才华和运筹帷幄做了混淆，以一个文人的额头，触碰强权的石头。如果一定要解缙作为一个政治人物出现，也只能算是一个顾问型的人才。他有聪明的头脑和敏锐的眼光，预见许多战略性的焦点问题，但他缺乏长袖善舞的技能，难免葬送在血雨腥风的权术斗争中。

3. 懂得进退，不张扬不放纵，不肆意妄行。

个性是文学家的奢侈品，不是政治家的消耗品，恃才傲物一直是古今才子的致命伤。解缙被重用之后，与兵部和大臣们的矛盾逐渐升级，导致他处处被小人暗算，造成他一步步走向被排挤的境地。无论是与兵部将官士卒的矛盾，还是与朝廷权高位重之臣的矛盾，都是顺境中的自我膨胀导致的。解缙才华过人无可否认，但是他在做人做事上确是有失分寸，特别是对“九五之尊”的皇上，敢于直谏虽是“君子”的本分，但不分场合，不分情由，不懂适可而止，就会适得其反。而对待同僚，无论能看得多么深透，都要记得给人留有余地，这是一种明哲的为人处世之道。

4. 洞事识人，宽容正直，懂得化敌为友。

在识人和洞事上，解缙和杨士奇同样通透，但在低调和退让上，解缙差了一分。解缙对皇上提供的朝中大臣的评鉴，虽然日后都得以验证，但在表述上却过于严苛。皇宫并非是一堵不透风的墙，而官场更是变幻莫测、权斗频仍的场域，无数争逐、倾轧的阴谋，在其内部涌动、发酵，乃至爆发。“唯观神采，不见其形”，过于树敌，会成为孤立无援的单枪匹马，走哪儿都不通。而杨士奇却懂得化敌为友，也懂得大局为重。在皇上让他推荐一位人才时，他据实推荐一位背后非议过自己的人。皇上笑问他知不知道这个人说过他的坏话，杨士奇说知道，但皇上问话，据实相告，并且认为这个人适合这个职位。皇上听后，自然赞赏他的气度。政敌听说后，也汗颜无地，主动与杨士奇言和。这是一个胸襟和战略的问题。杨士奇明白，弱化别人对自己的戒备和审剔，就是对自己最大的保护。

5. 居安思危，热心助人，有所为有所不为。

命运会给每个人机会。要善于在顺境中看到危机，在逆境中看到希望，要懂得展现自我，也要懂得藏珠掩玉。人生的每一步，都要有所为有所不为。解缙被皇上宠信，被群臣仰慕，从他个人的努力和才华上看当之无愧，但毫无原则地帮助别人做自己不能善后的事，就是冲动。解缙的几次代人上疏，都是义气和才干的展露，却天时地利人和都不占，最后被牵连进祸端。也许李善长是冤枉的，袁泰是有错误的，但认为自己总是有理，什么忙都可以帮，就显得有点急功近利，不仅让皇上对他有所轻慢，也招致小人和敌人的忌恨。解缙是一个争强好胜的人，不懂收敛锋芒。所谓一动一静，一进一退，动静相宜，进退有度，解缙运筹无方。

历史评说凡人，总是从高处宏括。无论如何，人就是人。解缙既是一个有血有肉有情感的俗世凡胎，又是一个伟大的天才。上天给了他常人没有的异彩，就一定也给他世人没有的人生。不管怎么说，解缙在明初的政治文化舞台上演绎出一台精彩纷呈的活剧。他完成生命和个性的最大张扬，不论他做了什么，都无法掩盖他在历史上的功绩。他的一生，给我们留下无数的财富，包括经典、经验和教训，仅凭这一点，我们就应当永远记住他。

戏梦人生汤显祖

汤显祖（1550—1616），中国明代戏曲家、文学家。字义仍，号海若、若士、清远道人。在戏曲创作方面，作有《牡丹亭》《邯郸记》《南柯记》《紫钗记》，合称为“临川四梦”，在中国乃至世界文学史上都有着重要的地位，汤显祖由此被誉为比肩莎士比亚的并世双星。

一、求学

明嘉靖二十九年，汤显祖出生于江西临川文昌里的一个书香世家。临川自古便是才子之乡，而文昌里则是临川城的文脉所在。

汤显祖祖上四代都是秀才，家中藏书 4 万多卷。曾祖父汤廷用（矗），嗜藏书、好作文；祖父汤懋昭，博览群书，精黄老学说，有“词坛名将”之称；父亲汤尚贤，知识渊博，为明嘉靖年间著名老庄学者、养生学家和藏书家。创建“汤氏家塾”，并聘请江西理学大师罗汝芳为塾师，课教宗族子弟；伯父汤尚志酷爱戏曲，还从事过戏曲活动；母亲自幼熟读诗书。

汤显祖5岁进家塾，12岁写诗，21岁中举人，列江西省第8名。他的仕途本可以一帆风顺，但明代科举制度腐败，考试变成了幕后交易。

汤显祖雕像

万历五年（1577）、万历八年（1580）两次会试，当朝首辅张居正要安排他的儿子取中进士，为遮掩世人耳目，又想找几个有真才实学的人做陪衬，以显示此届录取的人才水平之高，又体现是公平选才。他打听到最有名望的举人当属汤显祖和沈懋学等人，就派人去笼络他们。声言只要肯同宰相合作，就许汤显祖等中在头几名。

汤显祖却憎恶这种腐败的风气，先后两次都严正拒绝了宰相的笼络。说：“吾不敢从处女子失身也。”结果汤显祖名落孙山。沈懋学等出卖了自己，果然得以高中。

万历十一年（1583），34岁的汤显祖终于以较低的名次中了进士，布满荆棘的仕途从此开始。

二、为官

他先在北京礼观政实习，次年以七品官到南京任太常寺博士。一住就是7年。永乐以后，南京是明朝的留都。虽各部衙门俱全，实际上毫无权力，形同虚设，太常寺尤为其中的闲职。

万历十九年（1591），在南京礼部祠祭司主事的任上，官闲志不闲的汤显祖向皇帝上了一篇《论辅臣科臣疏》，直接抨击首辅申时行等朝廷大员，同时也间接批评了登基二十年的万历皇上。这引起了神宗与申时行等人的极大愤怒，遂将汤显祖贬谪到遥远的广东徐闻县任小吏典史。

一年后遇赦，汤显祖被调到偏僻贫穷的浙江遂昌担任知县。他在遂昌任上灭虎清盗、劝学兴教，终于使浙中这块僻瘠之地大为改观，桑麻牛畜都兴旺起来，成为两浙县令中政声极佳的官员。每逢除夕、元宵，他还令狱中人犯回家团圆或上街观灯。他把只有 1 万多人的遂昌县当成自己施展政治理想的沃土，可被政敌抓住了把柄，待考核官员的时机一到，他们就出来暗语中伤。

万历二十四年（1596），明朝政府打着矿税的名义在全国各地疯狂地掠刮民脂民膏，次年，朝廷派税使来遂昌扰民。他不堪忍受，决定离开遂昌，并向吏部递了辞呈。因长期等不到回文，他未得批准，就扬长而去，回到家乡。到吏部和都察院以“浮躁”为由正式给他一个罢职闲住的处分时，他弃此敝屣早过三年。

为官之时，汤显祖两袖清风，孩子“虽为县长儿，饥寒在身口”；他劝儿子“游闲不是儿家业，大好归来学种田”。历经 10 余年的蹉跎，好不容易稍微迈上仕途，一次“大计”（考察），汤显祖看穿了在混浊官场难有作为，干脆退出政治舞台，弃官归家。至此，汤显祖 15 年的仕途画上了句号。

三、寻梦

汤显祖的祖宅本在城东文昌里，但隆庆六年（1572）发生火灾，全家过了“十载居无常”的日子。父亲汤尚贤早些年在城内香楠峰山脚下的沙井巷买了几栋旧宅。汤家人决定把这些旧宅连成一片，改成一座新宅，这样面积不但增加，还更好规划用度。建成后的新宅以“玉茗堂”为中心，占地五亩，院呈矩形格局，每边长 60 米。这个玉茗堂，成了汤显祖后半生进行戏曲文学创作和演出活动的中心。

万历二十六年（1598），汤显祖从遂昌县回到故乡临川，携父母入住玉茗堂，并开始了他的戏曲筑梦创作。梦很平凡，它不分富贵贫贱，人人都可以拥有；梦又很神秘，它可以超越生死，跨越时空。千百年来，它不知令多少人在颠倒的现实与虚幻中流连忘返，“临川四梦”的四个梦境，正演绎了纷繁变幻的世间之事。

“临川四梦”第一梦《紫箫记》，大约创作于 1577 年，却因被认为影射时政而辍笔。10 年后又改为《紫钗记》。此剧全本共五十三出，在保留唐人蒋防传奇小说《霍小玉传》主要人物和情节的同时，再造男女主人公的形象，别开生面地演绎李益和霍小玉的爱情故事，体现了汤显祖的“情至观”。

其主要情节为：才子李益元宵夜赏灯，遇才貌俱佳的霍小玉，两人一见倾心，随后以紫钗为信物，喜结良缘。不久李益高中状元，卢太尉欲招李益为婿，被李益拒绝。卢太尉将李益派往玉门关外任参军。李益与小玉灞桥伤别。后卢太尉又改李益任孟门参军，将其所写家书变成休书。小玉不明就里，痛恨

采茶戏《牡丹亭》

李益负心，遭人讨债典当紫玉钗。李益功成归来得知小玉另找有钱夫婿，很是失望。黄衫客慷慨相助，使两人重逢。于是真相大白，共偕连理。该剧热情讴歌了爱情的真诚与执着，深刻揭露了强权的腐败与丑恶。

《牡丹亭》是“临川四梦”的代表作。回乡不久，汤显祖就开始了《牡丹亭还魂记》的写作。该剧故事跌宕起伏，矛盾冲突尖锐，集中了当时所有吸眼元素，好戏连台，文辞典雅，语言秀丽，是中国戏曲史上的巅峰之作，演出后形成强烈的社会反响。

女主人公杜丽娘天生丽质而又多情善感，出生在一个古板的官宦之家，父亲对她严加看管，她向往自由，渴望爱情。忽一日，杜丽娘梦到一书生拿着柳枝来请她作诗，接着又到牡丹亭成就完美爱情。待她一觉醒来，方知是梦。此后她又为寻梦到牡丹亭，却未见那书生，渐渐地这思恋成了心头病，最后竟不治而亡。其父此时升任淮扬安抚使，临行将女儿葬在后花园梅树下。杜丽娘死后，游魂来到地府，判官问明她致死情由，查明婚姻簿上，有她和新科状元柳梦梅结亲之事，便准许放她回返人间。此时书生柳梦梅赴京应试，在梅花庵中与杜丽娘的游魂相遇。柳梦梅请人掘了杜丽娘坟墓，杜丽娘得以重见天日，并且复生如初。两人随即做了真夫妻，一起来到京都，柳梦梅参加了进士考试，并高中状元。皇帝下旨让父亲与杜丽娘夫妻相认，并着归第成亲。一段生而复死，死而复生的姻缘故事就这样以大团圆做了结局。

《南柯记》与他稍后完成的《邯郸记》一起被称作“二梦”，是汤显祖在走过了坎坷的仕途，政治抱负和人生理想彻底破灭以后，痛定思痛、冷静反省的产物。

《南柯记》讽刺了封建朝廷的极端腐败。淳于棼武艺高强却因酒失职。在参加盂兰大会时偶遇蝼蚁仙人，仙人见其风姿绰约，邀其入槐安国。淳于棼在国内封为额驸，派到南柯治理政事。被召回朝后，结交权贵，淫乱仙人。国王听人进谏，令淳回故里。淳于棼醒来，之前发生的事情皆为梦境。按梦所述，去到槐树下察看导致蝼蚁遭受灭顶之灾。淳于棼惊觉四大皆空，立地成佛。

《邯郸记》是汤显祖人生中完成的最后一部戏剧作品。叙穷途潦倒的卢生在邯郸赵州桥北的一个小客店遇到来世间超度凡人的八仙之吕洞宾，卢生抱怨自己命运不济，吕洞宾则给他一个瓷枕入梦。卢生在梦中经历了一连串宦海风波和 50 年人情世故、人我是非。一梦醒来，店中的黄粱米饭尚未蒸熟。

因情成梦，因梦成戏。汤显祖已然去世 400 余年。400 年，

汤显祖纪念馆门楣

时代迭变，山谷陵替。沧桑澒洞的历史风尘，无情而又公正地销蚀、暗淡了多少世间物什——寻常卑微如农家的竹篱与茅舍，显赫威严如帝王的权杖与冠冕。但令人感叹的是，汤显祖这位当年多如牛毛的七品县令，却在历史的大浪淘洗中被后人不断追怀崇仰，成为与同时代的莎士比亚双峰并峙、中外辉映的文学巨人，被联合国教科文组织评定为百名国际名人之一；他业余创作的“临川四梦”，以精美文字构建起的爱情经典世界，却从狂欢堕落而又戾气深重的大明帝国，穿越中国封建时代晚期幽暗隧道的重重壁障，生发成一缕刚健明亮的人性光芒、一股情深自然的精神力量，历久而弥新。

一介“清羸故多疾”（汤显祖《三十七》）而又蹉跎官场、蹭蹬穷老的文弱书生，几部在暗淡晚明的南方民间庭院里写出的戏曲，何以葆有如此强大的文化生命力，以至于成为当今东西方世界沟通融合的重要历史文化资源？早已荡然无存的临川玉茗堂，到底凝聚生发出一种怎样的历史文化精神，值得我们一再寻踪朝圣、感怀致敬？

无论对于今天的为官或为文者，我以为，至少在下面几个方面，汤显祖身上有其闪光之处值得我们发掘与记取。

首先值得一再大书特书的，自然是汤显祖的至情思想。无论是《牡丹亭》中开宗明义“情不知所起，一往而深。生者可以死，死可以生。生而不可与死，死而不可复生者，皆非情之至也”的言说，还是《南柯记》中的题词“梦了为觉，情了为佛”，又或是《宜黄县戏神清源师庙记》开头所强调的“人生而有情”，关注人情，尊重人性，是汤显祖精神世界最为后人所崇仰认同的文化价值。“后世相知或有缘”，在旷世经典《红楼梦》之《含耻辱情烈死金钏》一回前，录有汤显祖诗以待知音：“无情无尽却情多，情到无多得尽么？解到多情情尽处，月中无树影无波。”这分明是伟大的曹雪芹在“至情”论谱系上向

汤显祖纪念馆内的古戏台

前辈汤显祖的隔代致敬。从根本上说，文学发展历程与人性同步；作品越体现出人类本性，就越能与读者的感情相通。海外学者陈世骧先生曾说，与西方史诗不同，中国文学的荣耀别有所在，在于其抒情诗。从《诗经》“根情，苗言，华声，实义”开始，情感一向被视作中国诗学之灵魂。汤显祖应和于明代中后期王学的兴起和思想文化的跃动，将中国文学的抒情传统推到极致，建构起他的“至情”思想世界。“世总为情”，有情的人生与世界才是健康人本的世界；而“内欺己心，外拂人情”（袁宏道语），则是不值得过的生活。说到底，呕心沥血写出“玉茗堂四梦”，汤显祖意在以戏曲救世、用至情悟人。他充满浪漫主义色彩的爱情经典，其魅力绝不仅在于情节结构的离奇、曲词音律的优美，更在于其对“至情”的追求，以及其对精神自由、个性解放的张扬。借梦抒怀，正是其对至情至真、至善至美的认同，对理想社会的追求，对人的自我价值的肯定，使得汤显祖的作品体现出超越时空的思想探索与人文关怀，生发出其当代性意义。

其次是汤显祖的淑世情怀。文学史家多以单向度的戏剧家、诗人之名来定位汤显祖。其实像中国大多数文人一样，汤显祖的社会身份首先是一位传统的士大夫。早年努力读书参加科考，中年宦海沉浮，晚年闲居寻梦，他的一生，像中国大多数读书人一样，走过了由庙堂官场到乡里民间、从儒家精神入世转向道家精神出世这一人生轨迹。但超世、游世与玩世，从来都不是中国传统士大夫的本色，他们的精神底色，永远是入世与淑世占据主导，永远是不可救药的乐观主义者。与莎士比亚纯粹钟情于戏剧不同，汤显祖的早年理想，当然是儒家式的治国平天下的政治抱负。而此后尽管仕途坎坷，他依然不失爱国忧民之热肠。不管是早年的“俊气夺一”，还是中年的理想受挫，汤显祖从来没有选择逃避与解脱，而总是葆有一个知识分子的使命感，在苦闷逼仄的时代环境中，努力践行自己的理想，以求心安与理得。即使终其一生，大好年华多有赋闲，最高只做到七品芝麻官，汤显祖仍然为官清廉，勤政务实，以出色的行政领导和管理才华，治理地方公务，发表政见。在流放的蛮荒之地岭南徐闻，他首建书院，推行斯文教化。后来治理遂昌县，他不仅首抓文化，还灭虎兴农，以《劝农》诗与民同乐；宽宥狱囚，抑制豪强，“斗大平昌，一以清净理之，去其害马者而已”（《答李舜臣观察》）；袪除矿税恶政，减轻民生负担。“纵使文章惊海内，纸上苍生而已”。当他偶尔从玉茗堂书桌前放下手中以情织梦的笔，走出庭院，“四面河山归眼底，万家忧乐到心头”，系之念之者，仍然是无法释怀的民间疾苦。己饥己溺，民胞物与；世间冷暖，情里梦里，汤显祖从来就没有走向缥缈虚无。终其一生，他都是一个挚爱在人间的唯情主义者、一个热心肠的淑世主义者。他为后人所推崇的“至情”，绝不是沉溺于个体的、小我的“唯情”，而是寄寓着社会性的、大我的人道关怀。率性，悯世，爱民，汤显祖的“至情”思想，至少包括主张真情、个性解放、关注民生等等丰富的社会历史内容。虽说以戏剧大师之名垂诸后世，但我们同样应注意到汤显祖作为一个有良知的政治家、进步思想家和反封建斗士的本色身份。今天在欣赏精美瑰丽的“四梦”文字之余，我们不能忽视汤显祖作为传统士大夫淑世情怀的当下意义。

还有汤显祖的俊伟人格。一纸《牡丹亭》，写尽汤显祖这个南方书生的温柔多情；但多情的表面之下，他骨子里更有着亢直硬气的士大夫精神、光明俊伟的人格力量。在文学观上，汤显祖不愿意追随时流，对当时流行的奉形式主义、复古主义与模拟为圭臬的“后七子”文学进行严正批判，而大力发扬现实主义的文学主张，以至惹得当时的文坛大佬恼怒不已。在政治态度上，生逢河决鱼烂的晚明，有感于严峻迫切的现实问题，汤显祖不惧权势，向颟顸多忌的万历皇帝呈上《论辅臣科臣疏》，抨击当朝政治腐败、上下怠荒渎职，锋芒直指万历本人。书生拍案，以道抗势，气贯长虹，但汤显祖最终被贬官去职，“谪向边城为小吏”。“一生爱好是天然”，作为性情中人，汤显祖不愿交接权贵；平生师友，多如李贽、徐渭、紫柏禅师等后来以叛逆、落拓、边缘性文人之名进入历史的人物。年轻参考科考求进之时，权倾天下的首辅张居正为了帮衬自己的儿子，向汤显祖伸出橄榄枝试图延揽入怀。对于别人来说求之而不得的美事，汤显祖却因为不愿同流合污，以“吾不敢从处女子失身也”而峻拒攀附，为此名落孙山，付出了大半生科场坎壈不顺的沉重代价。为官之时，汤显祖两袖清风，孩子“虽为县长儿，饥寒在身口”；他劝儿子“游闲不是儿家业，大好归来学种田”。历经 10 余年的蹉跎，好不容易稍微迈上仕途，一次“大计”（考察），汤显祖看穿了在混浊官场难有作为，干脆退出政治舞台，弃官归家。从清远楼到玉茗堂，从“忙处”到“闲处”，从庙堂到家居，他以精神高洁的归隐，觅得心灵的宁静。狂者进取，狷者有所不为。汤显祖的批判精神与俊伟人格，固然表现在有所不为的清高与退处，但面对民间疾苦等等，他又细察敢言，从不苟且缄默。大疫之年，面对“江淮西米绝，流饿死无覆”“犹闻吴越间，叠骨与城厚”的人间惨相，他愤而发出“精华豪家取，害气疲民受”的谴责之声，不禁让人想起唐代“诗圣”杜甫的名句“朱门酒肉臭，路有冻死骨”。即使在归隐乡居后，闻说“都城渴雨，时苦摊税”，汤显祖即愤而写下“五风十雨亦为褒，薄夜焚香沾御袍。当知雨亦愁抽税，笑语江南申渐高”（《闻都城渴雨，时苦摊税》），人道主义情怀，力透纸背。在党和国家正大力倡导营造风清气正的政治生态的今天，汤显祖身上亢直硬气的士大夫精神、光明俊伟的人格力量，可说正是一种值得发扬倡导的千古风流。

总之，汤显祖以情入梦，借梦抒怀，用他的伟大著作描绘了一幅晚明社会的广阔图景，他严厉批判现实的丑陋，尖锐地揭露官场黑暗，不断提出救世良方并努力实践，竭力寻找自己的理想社会：社会公平和人间正道，道德高尚和精神探索，爱情自由和婚姻幸福。他的戏梦人生体现他对至情、至真、至善、至美的追求和向往。因为如此，在人类文明的苍穹下，汤显祖其人其文，才得以光耀千秋——无论东方与西方、古代与当下。

样式雷极简史

“样式雷”鼻祖雷发达浮雕

“样式雷”是对清代 260 余年间主持皇家建筑雷姓世家的誉称。他们是从江西省九江市永修县梅棠镇新庄村走出的建筑家族。

雷发达是公认的“样式雷”家族的创始人，从小练就了一身过硬的本领。他具有家学渊源，祖父、父亲均是当地有名的木工。清廷初立时，因农民起义，皇宫尽毁，向全国征集工匠。雷发达因艺征召。他奇思妙想，技艺超群。

为将建筑构思送皇上御览，创造了立体模型，因需要熨烫，被称为“烫样”，烫样里面的构件可随时调换。他谦和待人，善于合作，得到了工部长官的信任和工友们的爱戴，被任命为工部营造所长班。

长子雷金玉，在系列皇宫建筑中做出突出贡献。重修太和殿即将完工的关键时刻，一切准备就绪，当大梁升到应有高度时，榫卯却悬而不合。雷金玉自告奋勇，借梯攀爬上去，啪啪啪三斧头庆典大功告成，康熙帝现场亲睹，召见奏对，钦赐内务府总理钦工处掌案，赏七品官。

雷声澂是雷金玉幼子，父亲逝世时出生仅3月。其母抱着幼子在工部哭诉，为雷家争得孩子成年后重掌样式房资格。可怜寡母不知其名，却为"样式雷"传承做出了特别贡献。

第5代"样式雷"雷景修父亡时仅22岁。他谨遵父言，将"样式房"掌案职位交其父同事。自己甘居其下，兢兢业业奋斗24年，凭借精湛的技艺，再任"样式房"掌案，这种不靠继承靠自我奋斗的精神，为今天的青年人做出了榜样。

第7代"样式雷"雷廷昌，因主持重建天坛祈年殿等重大工程，被赐为二品。雷氏家族荣耀达到了顶峰。

雷献彩，第8代"样式雷"，参与主持过颐和园等工程。因清朝式微，无力投建大工程。他连娶两房，无出一子。在失业和断子的忧愁中，郁郁而终，样式雷家族没落。

"样式雷"家族倾注毕生智慧和汗水，创造了世界文化遗产的家族之最，为中华民族建筑文化做出了巨大贡献，确可称为"永修八代'样式雷'，中国半部古建史"。

"样式雷"的作品非常多，包括紫禁城（故宫）、中南海、北海、承德避暑山庄，圆明园、颐和园、万春园、畅春园，天坛、清东陵、西陵、景山等，几乎包括了清朝所有的皇家宫殿、园林，坛庙、陵寝，还有京城大量的衙署、王府、私宅及御道、河堤。其中北京紫禁城，故宫天坛，颐和园，承德避暑山庄，清东陵、西陵被联合国教科文组织评为世界文化遗产。

中国共有31项世界文化遗产，"样式雷"占到了约1/5，可以说无人能比。紫禁城是皇帝生活和工作的场所，金碧辉煌，

圆明园清夏堂烫样

北海澄心堂烫样

庄严绚丽，是中华文明的历史见证。

天坛是帝王祭祀皇天、祈五谷丰登之所，集古代哲学、历史、数学、力学、美学、生态学于一炉，是古代建筑经典的代表作。

颐和园是清代皇家行宫御苑，是目前保持最完整的“皇家园林博物馆”，是中国山水园林设计中无可替代的杰作。

承德避暑山庄是清王朝夏天的行宫，占地 584 公顷，建设耗时 90 年，皇家与周围的湖泊、牧场、森林和庙宇巧妙地融为一体，构成了一个庞大的皇家建筑群。

清东陵、西陵分别在河北省遵化市和易县境内。这里山川秀美、气候温润、日照充足、森林覆盖高，优美的自然环境与帝后陵寝完美地融为一体。它是中国规模最大、埋藏帝后子嗣最多、功能最完备、最符合中国风水观的皇帝陵。整个东、西陵气势磅礴，雄伟壮观，是中国陵寝古建筑中的精美之作。

2007 年 8 月，联合国教科文组织公布样式雷图档正式入选《世界记忆名录》，它是世界文化遗产项目的延续。样式雷图档是指雷氏家族制作的建筑图样、烫样、工程做法及相关文献。

“样式雷”最为辉煌的贡献是设计建筑了“万园之园”圆明园。它集中体现了康乾盛世皇帝的伟大梦想，不仅汇集了江南的名园胜景，还创造性地移植了西方最美的园林建筑。既收藏了大量的金银珠宝等稀世文物，又栽种了大量罕见的奇花异木，集古今中外造园艺术之大成，创造了中华民族建筑艺术之最，完全可称为无与伦比，举世无双。

1860 年 10 月，英法联军侵入圆明园，抢掠之后用大火焚毁，这是中国文化史上不可估量的损失，也是世界文化史上不可估量的损失！

“样式雷”之所以能为中华民族做出如此巨大的贡献，一个重要原因是他们有着精益求精的工匠精神，世代不坠的“诚德家风”。

按照永修“样式雷”专家陈前金老先生总结，主要有八条：

一是父慈子孝，兄谦弟恭；

二是尊师重孝，和亲睦邻；

三是刻苦习艺，精益求精；

四是当仁不让，大胆创新；

五是坚韧不拔，砥砺前行；

六是诚信做人，不贪不吝；

七是众处守口，独处守心；

八是贫贱不移，富贵不淫。

在调研江西建筑文化时，我来到永修县新庄村“样式雷”的祖屋前，陷入静静的沉思，今天有成千上万的地产商，为什么难以出现能纵横建筑业百年的“样式雷”式建筑家族？为什么难以出现能打造出系列世界文化遗产的“样式雷”式建筑巨匠？为什么难以出现更多的能发明活动“烫样”的创新型建筑人才？

我们期待：“样式雷”精神能够发扬光大，建筑业能够全面进入高质量发展的轨道，人民群众能住上高水平住宅，中国现代建筑百年后能评上更多的世界文化遗产。

李白五上庐山

李白画像

李白先后五次来到庐山，写下 40 余篇诗词。他在走遍千山万水之后，评价庐山说，“予行天下，所游览山水甚富，俊伟诡特，鲜有能过之者，真天下壮观也”。生性豪放的李白喜爱庐山是不言而喻的，但他抱负远大，不甘归隐于山间，所以他的一生都在“隐”与“仕”之间苦苦挣扎，而五到庐山的经历恰恰是他这种挣扎的真实体现。每当他在仕途中受到挫折，庐山总会用宽容温柔的胸怀接受他，抚慰他的伤口，帮助他重拾自信，抖擞精神，再度出发。或许，李白的命运早已同庐山纠缠在一起。

一、仗剑去国，豪情万丈

李白 5 岁发蒙读书，15 岁已赋有多首诗词，并得到一些社会名流的推崇，亦开始接受道家思想的影响。唐玄宗开元十二年（724），24 岁的李白离开四川，开始了他的游历生涯。他带着一腔热血仗剑而行，路

张大千《松荫观瀑》

过成都、重庆、湖北，经洞庭湖顺长江而下，26岁（726）初次来到江州（今江西省九江市）。李白到此的目的，其一是看望在江州做买卖的兄长，其二是游览庐山。

“庐山”这个名字，最早见于司马迁的《史记·河渠书》里的“余南登庐山，观禹疏九江”，但没有对庐山做过多解释，也许那时庐山已是一座众所周知的名山。庐山的美景吸引了历代文人骚客，它的吸引力也是李白无法抗拒的。他第一次登上庐山香炉峰就被眼前美景所惊艳，并留下了《望庐山瀑布二首》千古绝句，特别是第二首七言绝句广为流传。

“日照香炉生紫烟，遥看瀑布挂前川。飞流直下三千尺，疑是银河落九天。”在这首诗里，开篇就营造了一个梦境或者说是仙境。他在头七个字里对瀑布一字未提，只告诉人们，阳光照在香炉峰上，朦胧的紫色烟雾笼罩了整个世界，仿佛山峰真的就是香炉，而云雾就是这香炉散出的轻烟。简单七字，瀑布的神韵尽在其中。然后才点出自己的位置和吟咏的对象：遥看瀑布挂前川。由“遥看”二字领出的这句，仿佛是一声惊叹，就像是李白不经意抬起头来，壮观的瀑布突然映入眼帘。“遥看”不仅将瀑布的空间感描写了出来，也显示了自然的伟岸和人的渺小。在这两句的铺垫下，李白在最后两句诗里完全飞了起来：飞流直下三千尺，疑是银河落九天。将庐山瀑布的雄伟绮丽表达得淋漓尽致。

另一首《望庐山五老峰》虽不比《望庐山瀑布》的知名度高，但也极有神韵。“庐山东南五老峰，青天削出金芙蓉。九江秀色可揽结，吾将此地巢云松。”五老峰是庐山最高峰之一，也是庐山知名景点之一，因远眺山峰形状像五位老人并肩席坐而得名。正因为五老峰奇形怪状，容易使人产生想象，这对于极富浪漫主义精神的诗人李白来说，无疑是一次极佳的发挥想象的机会。特别是“青天削出金芙蓉”一句，让人不禁要问，青翠葱茏的五老峰怎么会有“金芙蓉”呢？原来，当夕阳西下，只要站在五老峰东南，纵眼眺望，落日的余晖照在五老峰上，众峰突兀，仿佛一朵巨大的金色芙蓉，在天空下尽情绽放。

李白首次上庐山所写的诗，处处洋溢着青春的气息，颇有初生牛犊不怕虎的风采。但庐山并不是李白此行的目的，他的目光放在遥远的东海之滨，放在了富庶的东南一带，那里有极

庐山五老峰

度繁荣的大城市。离开庐山后不久，李白先是到了金陵，后又游扬州，并在这座风花雪月的城市“散金三十余万”。但这仍不是李白的终点，他的终极目标是大唐王朝的中心长安。

二、求仙问道，韬光养晦

李白于天宝九年（750）第二次再访庐山，距首次来已过了 24 年。这时候的李白不再是那个意气风发的青年，他已经做过了翰林学士，虽然仅有两年，但亲见了朝廷的腐败和仕途的艰险。李白曾得到唐玄宗的赏识和宠信，令同僚不胜艳羡，也因自由豪放无拘无束的性格得罪了当朝权贵。

李白生活在崇尚道教的时代，求仙问道已不仅是一种狂热的宗教行为，甚至变成了获得声誉、进入朝廷的一条“终南捷径”。这次李白来庐山，是求仙问道，更是韬光养晦、等待时机。

虽然庐山并非道教名山，但是因为它灵澈幽静，自古以来就吸引着求道之士在这里隐居。这也使得庐山拥有非常深厚的道教基础。三国末年，道士董奉曾隐居庐山，《神仙传》里说：“董奉，字君异，侯官人。或云三国时人，或云晋宋间人。隐庐山，有道术，为人治病不取钱，病愈者使种杏五株，轻者一株。数年所种杏，郁然成林。”杏林日后成为中医医术高明者的别称，就来源于此。今天庐山莲花峰和般若峰下均有杏林故迹。

到了道教氛围浓厚的唐代，更多的求道之士在庐山筑庐栖隐，甚至还有不少女道士。天宝年间，在庐山五老峰旁的屏风叠，住着两位女真人，一位是在屏风叠北咏真洞天里修行的蔡寻真，另一位是在屏风叠南修行的李腾空。李腾空在唐代拥有盛名，

庐山云海

因为她的父亲就是声名狼藉的奸相李林甫。但是李腾空的名声比其父要好很多，也许正是因为她很早就离家修行的缘故吧。

天宝九年（750），50岁的李白再次与庐山结缘，多少和李腾空有关。在他来到庐山之前，他已经送自己的妻子宗氏到庐山拜李腾空为师。为此，他还专门写了《送内寻庐山女道士李腾空二首》。在第二首里李白想象自己的妻子在庐山"素手掬青霭，罗衣曳紫烟。一往屏风叠，乘鸾着玉鞭"。"紫烟"的意象再一次出现了，它将20多年前李白初到庐山时的情感与经历联系了起来。李腾空所在的屏风叠，也成了日后李白的卜居之地。

在送妻求道后不久，李白也于这一年的秋天来到了庐山。6年前，他已经接受了道教符箓，正式成为了一名道士。这次在庐山所写的诗歌也多是与道教有关。但庐山仍然只是李白漫漫长途的一个中转站。他那"经时济世"的雄心壮志，也并没有随年龄的增长和现实的打击而逐渐消灭，他仍然试图寻找机会，一展自己的胸襟与抱负。正如李长之在《道教徒的诗人李白及其痛苦》所评价的那样："像李白这样的人物求仙学道，是因为太爱现世使然的，所以他们在离去人间之际，并不能忘了人间，也不能忘了不得志于人间的寂寞的。”于是，李白很快便离开庐山，踏上了北上之路。

三、辗转乱世，失望归隐

离开庐山的李白一路北上，一直抵达幽州。幽州是范阳郡的中心，当时担任范阳节度使的是安禄山。李白本是想在这里谋求一个幕府参谋的职位，但看到的情况让他感到震惊——他发现了安禄山正在为谋反摩拳擦掌。于是李白迅速南返，安顿家人。

天宝十四年（755），“安史之乱”爆发，京都危在旦夕。面临灾难，唐玄宗惶恐不安，奔逃到川蜀。李白当时正在安徽、越中一带避难，尽管他深知朝廷腐败不堪，但也没想到会崩溃得如此之快。当唐玄宗逃亡蜀中的消息传到李白耳中后，他带着失望继续向南奔逃，带着宗氏夫人又一次来到了适合休憩疗养、能为他抚慰心灵的庐山隐居。

这是李白第三次到庐山，也许，这次他是真的想把庐山当作他后半生的栖居地。这次他在庐山居住长达半年之久，并修建了读书草堂，其间写下《赠王判官时余归隐居庐山屏风叠》。“昔别黄鹤楼，蹉跎淮海秋。俱飘零落叶，各散洞庭流。中年不相见，蹭蹬游吴越。何处我思君？天台绿萝月。会稽风月好，却绕剡溪回。云山海上出，人物镜中来。一度浙江北，十年醉楚台。荆门倒屈宋，梁苑倾邹枚。苦笑我夸诞，知音安在哉？大盗割鸿沟，如风扫秋叶。吾非济代人，且隐屏风叠。中夜天中望，忆君思见君。明朝拂衣去，永与海鸥群。”李白此诗，实际上是对自己的前半生做了一个总结，并表达了当此国家危急存亡之秋，自己却无从用力的悲愤失望情绪。此时的李白虽在庐山避难，仍有一颗爱国之心，无奈中还存有对国家山河抱负的向往。

四、应邀出山，梦断浔阳

就在李白隐居庐山不久，唐玄宗之子永王李璘，时任镇守江陵的四道节度使向李白发出了盛情邀请。李璘的幕僚曾三次上山来代表李璘聘请李白，这让李白不禁想起了“三顾茅庐”的典故。李白动了心，决定再次出山，这也是他第三次离开庐山。

李白怀着消灭叛乱、恢复国家统一的志愿应邀入永王李璘幕府。在李白看来，天下乱局已现，唐朝将被割据。因此，他赞同永王攻占金陵，在江南立足，便于称帝，并随李璘军队一路东下，其间写下了《永王东巡歌》11 首。虽然这些诗歌才气纵横、意气风发，但它们却成为李白附逆的罪证。即位不久的唐肃宗发现李璘的目标并非是安禄山的叛军，他不允许手握南方兵权的永王与自己分庭抗礼。至德二年初，肃宗下诏，命令永王回蜀中，永王拒绝，兄弟之间的战争一触即发。最终，永王战败被捕。而李白因为追随永王，还背上了附逆之罪。永王被杀以后，肃宗开始清除其余党，李白逃至彭泽时被捕，以“附逆作乱”的罪名被投入了浔阳（今江西九江）狱。对于这个天才诗人来说，这是一个巨大的打击和摧残。而更具有讽刺意味的是，囚禁他的地方，正是在庐山脚下的浔阳。

当他看到庐山的时候，会不会这样想：如果当时能够一直隐居在那里，他的人生又会是怎样的呢？历史没有假设。在浔阳狱中的李白，遭受了此生最大的痛苦和耻辱。他写下了大量的诗歌，每一首都感人至深，每一首都充满了苦难对一位诗人折磨所留下的伤痕。

57岁的李白，生死难测，尚在庐山的夫人宗氏听到李白入狱的消息后四方托人求救。终于，前来江南安抚百姓的宣慰使崔涣和御史中丞宋若思向他伸出了援手，他们向朝廷申辩李白无罪。李白感受到了恩情和善意，这使得他临终之前仍想报效国家，洗脱自己的污点。唐肃宗至德三年（758），李白被判流放夜郎（今贵州桐梓一带）3年。于是他再次远离庐山，开始了流放的生涯。在被流放夜郎之后，他写下了《经乱离后天恩流夜郎忆旧游书怀赠江夏韦太守良宰》一诗，在这首诗里，李白用充满想象力的笔触、极为炫目的色彩与技巧和浓烈的感情，谈到了自己的一生志向，以及在“安史之乱”爆发前后的遭际。“清水出芙蓉，天然去雕饰”的名句就是出自这首诗中。

五、获赦而归，永别庐山

乾元二年（759）春，关中地区遭遇大规模旱情，朝廷颁布了一条特赦令：天下现禁囚徒，死罪从流，流罪以下一切赦免。获赦的李白，立即欢喜而归，在白帝城，他乘舟顺流而下，写下著名的《朝发白帝城》一诗：“朝辞白帝彩云间，千里江陵一日还。两岸猿声啼不住，轻舟已过万重山。”突如其来的自由，让李白无比兴奋，笔下满是意气风发，依稀之间，他仍是从前鲜衣怒马的少年。途中遇赦得归，时已 59 岁。

唐肃宗上元元年（760），李白再登庐山，这一次更像是一次告别。在李白的一生中，庐山与他始终有着不解之缘，每当仕途受挫时，他被庐山召唤而来，而庐山的宁静给了他最好的安慰。现在李白老了，他似乎预见了自己将不久于人世。他要向这座山告别了。在《过彭蠡湖》一诗中他伤感地说道："青嶂忆遥月，绿萝愁鸣猿。水碧或可采，金膏秘莫言。余将振衣去，羽化出嚣烦。"在另一首《下寻阳城泛彭蠡寄黄判官》诗中，李白写道："石镜挂遥月，香炉灭彩虹。"从"青嶂忆遥月"到"石镜挂遥月"，这"遥月"究竟是山中之月，还是李白的化身呢？"香炉灭彩虹"，这句诗再次将他 26 岁那年的庐山之行连接了起来，只不过那时的彩虹，现在已经消散、熄灭了。李白离开庐山的第二年冬天，逝世于安徽，享年 62 岁。

李白一生中留给庐山的诗歌并不算多，其中大部分都是在浔阳狱中写下的。尽管如此，李白还是用他天才的情思给庐山增添了无穷的魅力。在他的笔下，庐山是战云密布的，"楼船若鲸飞，波荡落星湾"（《豫章行》）、"风高初选将，月满欲平胡"（《中丞宋公以吴兵三千赴河南军次寻阳脱余之囚参谋幕府因赠之》）。但更多的是空灵，"霜清东林钟，水白虎溪月。天香生虚空，天乐鸣不歇"（《庐山东林寺夜怀》），是可以洗去内心污浊的明净，"而我乐名山，对之心益闲。无论漱琼液，且得洗尘颜"（《望庐山瀑布二首》其一），还有他人无法领略的壮观："登高壮观天地间，大江茫茫去不还。黄云万里动风色，白波九道流雪山。"这首写于李白最后一次来到庐山的《庐山谣寄卢侍御虚舟》，是所有写庐山的最好的篇章之一。1959年，毛泽东曾书写此诗赠庐山管理局诸同志。人们对于庐山的感观，多是秀丽空灵，而李白用他宽广的胸襟，给庐山注入了一股宏阔壮观的气象，这气象包容万物，延绵不绝。正是这位过客给庐山写下的五色斑斓的诗句，为庐山留下了瑰丽篇章，使秀丽的庐山从此有了蔚为壮观的解读和丰富内涵。

李白离开了庐山，但这里人们始终没有忘记这位翩若惊鸿的诗人。五老峰下李白曾隐居的山谷被命名为青莲谷，谷中有李太白书堂，明代还曾在附近建过青莲寺。今天这些建筑都随着时间远去，但他的伟大诗歌必然万载流芳。有了那些雕刻在人们心中的名句，对于庐山来说，已经足够了。

（朱虹　宋佳星）

白居易遗爱在九江

一支浔阳琵琶曲，占尽天涯无限泪。唐朝大诗人白居易创作的长诗《琵琶行》，情词兼美，情景交融，情乐并茂，被誉为“古今长歌第一”。诗中“同是天涯沦落人，相逢何必曾相识”，触动古今中外无数愁肠。不仅在当时“童子解吟长恨曲，胡儿能唱琵琶篇”，即使在今天，也仍然拥有强大的艺术生命力。句尾“江州司马青衫湿”更是将古代的江州郡，也就是今日的九江市，推到了时人视线焦点中，为十方人所诵。

不过江西人看《琵琶行》，真有点又爱又恨。既自得于这一段千古留名的风雅纪事，发生在九江，发生在江西人引以为豪的大江大湖之上，又对诗中“住近湓江地低湿，黄芦苦竹绕宅生”的地理环境，和“浔阳地僻无音乐”“呕哑嘲哳难为听”生活品质的评价心生芥蒂。

其实大可不必，白居易谪居九江的这段时期（815—819），头尾算上是5年，实际居住时间为3年5个月左右，江西山水与九江风物给他烙下了深深的印记，是他较为顺遂的官宦生涯里极为特殊的经历，也是他人生关键的转折期。

白居易留下了约3000多首诗作，与九江相关的高达370多篇，占生平创作的十分之一强，远远超过他外放在忠州苏州杭州期间的总和。

白居易草堂前的雕像

其中，更有《琵琶行》《与元九书》《庐山草堂记》这样重量级的代表作。可以说，贬谪九江的日子，让白居易的政治观、人生观、文学观都发生了很大的变化，特别是他的文学创作，文学评论家素来将被贬江州作为他创作历程的分水岭。

白居易为何被贬九江，他在九江做了什么，他又给九江留下了什么？这三个问题是今天我们关注白居易作为江州司马的这一段历史，从心而发的追问。

一、非贤非愚非智慧，不贵不富不贱贫——乐天其人

白居易（772—846），字乐天，号香山居士，又号醉吟先生，是唐代伟大的现实主义诗人，代表作有《长恨歌》《琵琶行》等。白居易所处的年代为安史之乱后的中唐时期，其时藩镇割据、宦官弄权、朋党倾轧，期间虽有过"中兴"的希望，但是旋即破灭，难挽颓势。白居易的文学创作既是这一历史时期的真实映照，也是他作为一个忧国忧民的有识之士个体生命的思考和记录。他与元稹共同倡导"救济人病，裨补时阙"的新乐府运动，他"无题不能入诗"的丰富著述，他关心时事也观照身心的闲适诗想，他题材广泛，形式多样，语言平易通俗的诗作，为他赢得"诗魔"和"诗王"的头衔，与李白杜甫共尊为唐代

三大诗人。

白居易祖籍山西太原，到其曾祖父时迁居下邽，生于河南新郑。白居易的家族是“世敦儒业”的官宦之家，祖父（巩县县令）和父亲（襄州别驾）官阶虽不高，却极为注重文化教养。

白居易少时正值藩镇之乱，为避战乱，寓居宿州符离（今安徽宿州符离镇），在那里度过了童年时光。由于北方战乱频繁，他从十一二岁起到吴越一带避难，奔走南北，对社会现实和民生疾苦有深切的体察。白居易十五岁开始发愤读书，非常刻苦，读书读到“口舌成疮，手肘成胝”。相传他16岁就写出了“离离原上草，一岁一枯荣”的名句，却囿于家境困窘，迟迟不能参加科举，直到799年在安徽宣州参加乡试，得到宣歙观察使崔衍推举，才得以进长安应进士试。次年便以第四名的成绩进士及第，踌躇满志，挥笔写下了“慈恩塔下题名处，十七人中最少年”。803年，他又考中了朝廷吏部的书判拔萃科，授秘书省校书郎，从此步入仕途。

白居易作为一个朝中无亲故，以进士出身的寒门庶族，他的仕途和李白杜甫甚至同时代诗人相比，可算顺遂，以正三品的刑部尚书退休，晚年闲居洛阳，75岁病逝。他在生前就已盛名称天下，冠盖满京华。

白居易以“乐天知命，闲适身心”自诩，“非贤非愚非智慧，不贵不富不贱贫”，后世评论白居易的这种闲适官宦生涯，是在被贬江州之后，他深思熟虑创造性地采取“吏隐”的人生态度而谋求得到的。

那他为何被贬江州呢？

二、昔为京洛声华客，今作江湖潦倒翁——被贬江州

元和十年（815），白居易在长安任太子左赞善大夫，这个职位掌传令、讽谏、赞礼仪、教授诸郡王（指太子之子）经籍，一个与权力中枢颇有距离的官职，对于曾任左拾遗官职的白居易来说，这个职位是皇帝对他的一种训诫。

元和十年是中唐一个特别的时期，首先这一年发生了有名的“二王八司马”事件：以王叔文、王伾为首，主张打击宦官势力的新政，仅仅持续了146天就宣告失败，他们麾下的八名干将柳宗元、刘禹锡等人俱被贬为州司马。七天之后，白居易的挚友元稹被贬通州（四川达县）。

白居易虽然没有直接参与新政，但是他任左拾遗期间，以高度的社会责任感对朝廷各项政策的不足进行劝谏，还创作大量讽喻诗，矛头直指权贵、宦官和藩镇，埋下祸根。他自述“闻《秦中吟》，则权豪贵近者相目而变色……闻《乐游原》，则执政柄者扼腕矣。闻《宿紫阁村》诗，则握军要者切齿矣”（《与元九书》）。

权贵近臣们恼恨白居易，而一直喜爱白居易才情因而破格提拔他的唐宪宗，也因为白居易几次直言劝谏，对他有所不满。《新唐书》和《旧唐书》都记载了唐宪宗对旁人怨言，白居易这小子是朕亲自提拔的，可他居然对我无礼，我必要斥责于他。幸亏当时翰林承旨李绛在旁，他和白居易交情不错，婉言劝解，唐宪宗才没有发作，但从此有意将白居易调离谏官的职位。

810年白居易左拾遗任满，唐宪宗借着给他升职的名义，让白居易调为京兆府户曹参军。第二年白居易的母亲去世，他

回下邽服丧，离开了权力中枢，也离开了皇帝的宠眷。814年，白居易三年服丧期满后回到长安，只谋得了太子左赞善大夫这个职位，这是皇帝的属意。

元和十年六月三日，“二王八司马”事件仅数月之后，一件亘古未有的大事轰动朝野：当朝宰相武元衡在上朝路上被刺客杀害，刑部侍郎裴度重伤。据说刺客还到处撒传单“勿急捕我，我先杀汝”，嚣张至极。惊天血案一出，百姓大骇，人心惶惶，这两位都是朝中主张对藩镇用兵的主战派，如果反应不当，恐怕朝廷对淮西藩镇的政事会有变故。

白居易虽不再任谏官，但他一直关注时局，忧心朝事，认为“朝廷有非常事”时自己有责任发声，他也知道一旦出头必有不妥，但是他自问“谓之忠，谓之愤，亦无愧矣！谓之妄，谓之狂，又敢逃乎？”他第一个上疏要求急捕凶手，以雪国耻。结果被斥为“越位”，“宫官非谏职，不当先谏官言事”，说谏官御史还没有论请，赞善大夫“何忧国之深也”，于是“奏表为江州刺史”，这是欲加之罪何患无辞了。

这还不够，被白居易的诗歌针砭得体无完肤的权贵近臣们纷纷射来暗箭，有攻击他浮华无行的，有牵强附会说他母亲看花落井身亡，他却作《赏花》《新井》诗，是为不孝的。真是“始得名于文章，终得罪于文章”。（《与元九书》）最后中书舍人王涯添上最后一块石头，说他行为不妥，“不宜治郡，追诏授江州司马”。

三、天意君须会，人间要好诗——《琵琶行》的诞生

江州司马是个什么官职?

在唐代，对于江州这样一个人口四万以上的上州而言，设置了刺史（从三品）一名，别驾（从四品下）、长史（从五品上）、司马（从五品下）各一人，余下不提。白居易贬官前的太子左赞善大夫为正五品上，任江州司马确实是贬了职。而且司马这一个官职名为副职，行政上主管军事民防，实际上由于中唐以后，地方藩镇实力强大，刺史可以自行聘用幕僚，组建一套管理班子，所以长史和司马都成了非领导职务，只相当于巡视员。白居易自叙“司马之事尽去，唯员与俸在”“州民康，非司马功，郡政坏，非司马罪”“案牍来时唯署字”，唯一的工作就是签字。

这是白居易人生的最低谷。唐朝规定，凡被贬谪的官员，诏书下达的隔日必须启程，不许逗留，而且要“日驰十驿以上”，三十里一驿，一天要走三百里。

朝廷任职诏令下达第二天，白居易就匆匆离开长安，前往九江。他走得很狼狈，农历八月初动身，十月初到达江州。

从长安到江州，顺汉水而下，过襄阳、抵长江、到浔阳，旅途的后半段全是水路，江南多风雨，正值一年中秋风秋雨愁煞人的时节，他乘着小舟一叶，飘摇于江湖风波中。强烈的抛弃感、挫败感、孤独感、无力感和对前途未知的恐惧感，深深地缠绕着他，这一路上他写了 52 首诗。

越不安越作诗，越不平越写文，白居易以敏锐的思考和多情的咏叹，与命运对抗，与自己精神中的负能量对抗。此时距离他写出《琵琶行》还有一年时间，从创作的角度来说，《琵

琶行》的胚芽已经孕育，但是还要等他到江州，等他安排好俗世的负累和牵挂，等江州的山水为他洗去风尘垢污，他不再逞强，不再激愤，世间的荣辱悲欢都不再搅乱他的心灵，那动人的诗情才会瓜熟蒂落，绝世而立。

白居易其实知道，就贬谪地而言，江州不差。

江州（今九江市），距长安四千里，居长江中下游，《尚书·禹贡》记录“江汉朝宗于海，九江孔殷”，长江、汉江大水滔滔奔流向海，在“九江”众流归一，可见水势之澎湃宽广。秦始皇一统天下时，将包括今天的安徽、河南淮河以南地区、湖北东部、福建西北部和江西大部列为九江郡。西汉时为扬州柴桑，晋武帝司马炎时划为江州，又有湓口城之称。到了白居易所在的唐朝元和年间，江州属江南西道，据白居易同时代的《元和郡县图治》记录，元和期间有户籍 17945 户约 10 万人，在 1000 多万人口的唐朝人口占比其实比今天还高。

江州治所在浔阳，世传是西汉大将灌婴于公元前 201 年所筑。灌婴是刘邦手下一员猛将，后来位及丞相，眼光开阔，他一口气在江西筑了南昌、九江、宜春、赣州等城市，可称江西城建之鼻祖。他在浔阳还掘了一口井，为市井繁华筑下了基础，可见此处不凡。

九江为江西北大门，北临长江，坐拥鄱阳湖，西北有汉江联长安、通巴蜀，南面有唐初张九龄拓宽的大庾岭商道可越闽禺，联络东西、贯通南北，是一个物资集散、移民汇聚的水陆交通码头。南北朝以来由于“衣冠南渡”“安史之乱”北方士庶举族南迁，先进的中原文化和生生不息的劳动力注入，使得原本处于边缘地带的江南地区逐渐得到发展。

这里“左匡庐，右江湖，土高气清，富有佳境”（《江州司马厅记》）“地少瘴疠，乃至蛇虺蚊蚋，虽有甚稀。湓鱼颇肥，江酒极美。”（《与微之书》）还是陶渊明故里，有庾亮登过的高楼。山水滋润，风景优胜，物产丰盛，再加上江州刺史崔能有礼有节，亲自到江边以朱轮车迎接白居易。长官的优待，司马官职的闲散，白居易得到了一个较为优裕的身心空间。

初到九江的三个月里，闭门不出，借口整理行李和诗稿。他在灯下检点书箱，编撰文集，对自己的过往履历、生平取舍、文学倾向进行深刻的剖析，并写成《与元九书》，凝练出“文章合为时而著，歌诗合为事而作”的文学理论。他把眼光放大，可以审视人生际遇、宦途得失；他把视野放长，可以盘点文章千古、进退去留。他听着浔阳江畔的浪涛，神思驰骋在曲折蜿蜒的大河之上，决定也将效仿河流的开泄转向，从“志在兼济”转向“行在独善”，他要从诗歌“美刺”的社会功利性，转向更贴近人间与人民。

理清楚了乱麻般的思绪，白居易虽然情感上仍然无法释怀，但是向来乐天的他，随着春天一到，九江的山水、风物、人文都使他心神荡漾，兴致勃发。他正当壮时，年纪在 45 左右，腿脚灵便，又是从政后第一次有足够的闲暇可以远游，司马一职的名头在地方上还是响亮的。

白居易拄着他的红藤杖，优游九江山水名胜，“惟司马绰绰可以从容于山水诗酒间，由是郡南楼山、北楼水、湓亭、百花亭、风篁、石岩、瀑布、庐宫、源潭洞、东西二林寺、泉石松雪，司马尽有之矣”（《江州司马厅记》），脚印遍及浔阳城内外，连不在江州范围内的建昌区域也去了。他游得很细，当时还没开发的大林寺、北香炉峰等地他也登山游览了一番。再加上九江山水佳盛，高僧逸道文友倾情相待。如果碰上春秋佳日，天时地利人和，由不得白居易游兴和诗兴大发了。

要问九江的山水对白居易的情绪产生了什么样的影响，我们应该诵读《琵琶行》。细细去读充盈着泠泠水气和淼淼江浪的诗句，字里行间浸透着江湖码头的生活气息，来去倏忽的舟楫商户，飘零和繁华并存、萍聚与离散伴生的人间世情。只有在九江的水边才会产生这样的相逢，只有在江边深切生活过的敏感的心灵才能营造出这样的意境，也只有搁浅在人生困境里抽离出来的白居易，才能把握住似水光阴里稍纵即逝的永恒的一瞬。

将《琵琶行》与白居易年轻时的成名作《长恨歌》稍作比较，更能体会到这首传世之作的隽永魅力。《长恨歌》是一出好莱坞式的大制作巨片，它以翻天覆地的“安史之乱”为背景，以风流帝王与绝佳美人惊世骇俗的爱情纠葛为主题，以三千粉黛和天下群雄为陪衬，场地布景豪奢华丽到糜烂，故事情节上天入地到离奇，其中更有香艳入骨的场面、惊天动地的厮杀和旷古烁今的悲剧结局，让人眼花缭乱目不暇接，诗句辞藻华丽如缀锦联珠，摹情写景仪态万千，如盛唐一般气象恢弘。

《琵琶行》则去除一切华丽布景和离奇情节，一切戏剧俗套和繁复背景。一切都是极简，简单到了一幕剧，一个地点，两个人物，其他都是虚写，好像一道追光在茫茫江夜罩住了这条船，除此之外的世界化为虚无，浩瀚的时光里只有江上两条船的靠拢又分别，短暂的交织又相忘于江湖。这是一种哲学般的抽象，它的高明就在这里。

“大弦嘈嘈如急雨”，“小弦切切如私语”，“大珠小珠落玉盘”，“幽咽泉流冰下难”，“银瓶乍破水浆迸”，都是水的意象。“浔阳江头夜送客”，“别时茫茫江浸月”，“唯见江心秋月白”，“绕船月明江水寒”，“移船相近邀相见”，“去来江口守空船”，所有的场景都紧扣住江夜。

这个江夜不是桨声灯影里流动脂粉香的秦淮河，没有那么喧闹温软；不是二十四桥明月夜的瘦西湖，没有那么狭窄温暖；不是“烛天灯火三更市，摇月旌旗万里舟”的武昌，没有那么雄浑热闹，它有大江大湖的开阔又有偏居一隅的冷清，它充斥着南来北往的商旅，又有风平浪静可以停泊数月的港湾。它是工匠商贾通行无碍的天堂，也是恋栈庙堂之士的天涯。

怎么将这种与世相隔，尤其是和京都的繁华光明天壤之别的冷落感受表现出来呢？白居易选择了音乐这个载体。

在孔子倡导的儒学正统体系中，音乐是可以“通政、治道、修身、养心”的君子素养，而唐朝有唐玄宗热爱音乐并且亲自教导三千梨园子弟，整个国家的音乐水准都是很高的。这也是白居易为什么选择用音乐来表述“贬谪之意”的一个原因，“大雅久不作，吾衰竟谁陈”的意思。以很久没有听到京都的琵琶演奏，来表达自己贬谪到偏远之处以后，已经是个与世相隔、沦落天涯的落后分子了。

《琵琶行》更为打动人的原因，是诗人将自己的社会存在降到很低，将世间非常重要的伦理稀释得很淡，人和人之间在这首诗里几乎没有隔阂。社会阶层的差异、贵贱身份的分别、主客宾朋的亲疏，这个江夜里都给人世间惺惺相惜让位了。做官的白居易和嫁作商人妇的乐伎是平等的，他们的人生遭遇是平等的，他们的痛苦感情是平等的，他们的飘零命运是平等的，这太奇妙了。

在《琵琶行》里，送客的白居易原本“主人在马客在船”，当琵琶女出现以后，“移船相近邀相见”“东船西舫悄无言”这两句诗显示白居易也下马上船了，他们都成了江夜上飘摇的人，抛弃了所有被叠加的社会属性，坦诚相见。这才是这首诗最感人所在。当白居易脱去了所有的外壳，骤然一轻，他就会明白贬谪是一种社会属性，政治理想也是一种外壳，都不是人生而有之的自然属性。只有将自己坦诚到只剩下最基本的同情，才能明白这个道理。于是，那个瞬间，白居易终于释然。

白居易通过《琵琶行》奏出了冲破自我囚困的最强音，脱去了被贬失意的沉枷，贬谪的负面情绪到达一个高潮后，开始回落。不愧是“野火烧不尽，春风吹又生”的白居易，他承认了“有贬谪意”后终于挣脱出来，看看九江这个地方，看看身边的山水，看看余生要行向何处。

他决心不再重蹈覆辙去追寻权力的游戏，他需要一个新的理想，一个时时在朝堂之外逗引他的念头，也是中国知识分子在朝堂之外追求的不二之选——隐居。

陶渊明的故乡田园和坟墓，甚至门前的五柳他都怀着仰慕去瞻仰拜访过了，道教与佛教的圣地之一庐山他也认认真真地游览过了，他开始思考自己的隐居理想该如何施行，是像陶渊明一样辞官回故乡归田园居，还是像王维买下辋川别居一样在庄园里休憩?

迷茫中，庐山给了他灵感。庐山又名匡庐，传说在殷周时有异人匡氏兄弟隐居山中，依岩结庐而得名。

是不是可以效仿前人，在庐山建一座草堂呢?

四、匡庐便是逃名地，司马仍为送老官——流连庐山

白居易对建房子有一种执念。

关于白居易早年的成名作《赋得古原草送别》，江湖上一直流传着一个广为人知的故事。彼时白居易还是籍籍无名的赴考少年，少不得到处向大人物投帖干谒以求评鉴。文坛名宿顾况展卷一看帖上“白居易”的名字，就幽了一默：“长安物价正贵，恐怕居不易！”再往下看，首篇就是“离离原上草，一岁一枯荣……”不禁叹赏：“能写出如此的诗句，居亦易！”

故事只是故事，事实上一直到白居易贬谪九江，他还没有拥有一座自己的房宅。他在《卜居》中感叹说:“游宦京都二十春，贫中无处可安贫。长羡蜗牛犹有舍，不如硕鼠解藏身。”少年时辗转飘零，中年时宦海沉浮，白居易对于构成身心安适空间的房屋，一直有着非比寻常的渴望。他创作了超过 160 首以房屋空间为主题的诗文，这在整个唐代诗人里都是罕见的。

白居易在庐山营建草堂，既是源于政治理想破灭后，他想以构建理想中隐居之所的方式，来重新构建自己的信仰，就像陶渊明创造桃花源，柏拉图描绘乌托邦。还有一个重要的原因

是庐山的风景，完全符合他的理想。

白居易对庐山一见钟情，简直是宿命般的相遇。他在给元稹的信里描述这种心动“仆去年秋始游庐山，到东西二林间香炉峰下，见云水泉石，胜绝第一，爱不能舍。因置草堂……每一独往，动弥旬日。平生所好者，尽在其中。不唯忘归，可以终老。”他评价庐山的云水泉石以压倒性优势胜绝第一，他平生所喜好的景物这里全都有，不仅使人流连忘返，而且想终老此地。

从第一次上庐山，也就是写出《琵琶行》的816年，白居易就在诗中时时透露出要在庐山建草堂的想法“或拟庐山下，来春结草堂”“拟近东林寺，溪边结一庐”。来年春天，他果然在东林寺与西林寺之间，香炉峰的北面和遗爱寺的西边，营建了庐山草堂。

在白居易写的《草堂记》里，我们知道这座草堂大至营建位置、风水阴阳、房屋结构、庭院景观、建材用料，小到装饰风格、家具种类、器物摆放，他都亲自设计安排，可以说庐山草堂就是白居易艺术审美和生活情趣的一种具体呈现，是他安放躯体和灵魂的圣殿，也是他对于朝堂和官署所代表社会功利的一种对立。他以返璞归真的庐山草堂来对抗世俗道德的冠冕堂皇。这是一个“逃名地”，也是“别造一世界”。白居易在草堂居住身心泰然，“一宿体宁，再宿心恬，三宿后颓然嗒然，不知其然而然”，每次前往都要盘桓十数日，可谓是灵魂居所，白居易命名为遗爱草堂。

草堂在春天落成，白居易在3月27日入住，4月9日他的文朋诗友以及东西二林寺长老等22位朋友前来庆贺，然后他们从草堂出发，赏桃花，登香炉峰，宿大林寺，身心怡悦。这一天白居易兴奋不已，诗情勃发，他写了《草堂记》《游大林寺序》《香炉峰下新置草堂，即事咏怀，题于石上》等诗文，还随口就作了一首千古流传的绝句《游大林寺桃花》："人间四月芳菲尽，山寺桃花始盛开。长恨春归无觅处，不知转入此中来。"

这首诗看起来是即兴口占，以通俗易懂的文字，描述了一个奇特的自然现象。它之所以跨越几千年还让人津津乐道的，不仅是妙手天成的语言，琅琅上口的韵律，还是短短28个字里诗人精心营造的"山穷水复疑无路，柳暗花明又一村"的转折和关于"春归何处"的设问解答。令人颇觉别有意味的是，为何偏偏是桃花，又为何与桃花的邂逅，类似于陶渊明笔下武陵渔人遇见桃花源？假如把"春"解释为理想国，人间的芳菲已尽，庐山的桃花却在盛开，人间的理想无处追寻，盛开着桃花的庐山是不是另一个桃花源，乱世里"不知魏晋"的桃花源是不是另一种春天？

写在庆贺白居易庐山草堂落成这一天的这首诗，大有深意。他从草堂出发遇见大林寺桃花的这个过程，这条路，和武陵渔人遇见桃花源的境界何其相近，不同的是，武陵渔人不懂得桃花源的可贵，而白居易懂得。白居易这一首吟咏大林寺桃花的诗，是对陶渊明的一次致敬，也是一种继承。他经过营建庐山草堂，寻访大林寺，无意间遇见错过人间季节的桃花，完成了对贬谪这一人生重大挫折的接纳、消化、沉淀和新生。于是，我们才能看见历史上那个始终豁达的白乐天，那个用不一样的视野和创作手法豪吐三千首的诗魔，那个无微不至无所不写登上唐代文坛制高点的诗王。

为了纪念这一天，人们将白居易遇见大林寺桃花的地方命名为“花径”。今天南来北往的游客慕名前来追寻白居易的诗踪遗迹，走进庐山花径公园，这里花径如故，草堂俨然，还能瞻仰到 1930 年出土的“花径”石刻，据传为白居易当年亲书。由著名雕塑家王克庆雕刻的白居易塑像作吟咏状，生动还原了时光片羽中，诗人惊艳于庐山春光之美的灵机一动。

五、我身虽殁心长在，暗施慈悲与后人——遗爱九江

元和十三年（818），江州司马白居易在九江住满 3 年后，早年的好友崔群任宰相，在他的帮助下，白居易等来了一纸调任忠州刺史的诏书，这是他起复的信号。两年后，提拔白居易为近臣又贬谪他到江州的唐宪宗去世，继任的唐穆宗对白居易的文才十分仰慕，曾经一天之内 3 次下诏给白居易升官。从此后白居易宦途平顺，富贵终老。

白居易被贬九江时来得满心不愿，离开九江却走得恋恋不舍。818 年腊月得到任命，次年 3 月才启程前往忠州。

在九江的 3 年多，他编撰了文集，确立了将来的人生道路，尝试了或淡泊质朴或浪漫飘逸、或言简意深或率然成章的文风，认识了相交一生的朋友。在这里他迎接了 3 个女儿的到来，又送走了如父般慈爱的长兄，悲欣交集，实难忘怀。还有庐山上的遗爱草堂，是他亲手选址亲手设计亲手营建，此处不只是遗

爱，还是他理想的遗蜕。临走前白居易前往草堂告别，把诗文书稿交付东林寺长老，再三嘱托代为照看草堂，并留下《别草堂三绝句》。他说“山色泉声莫惆怅，三年官满却归来”，他认为自己终将归隐庐山，此去不过是暂别。

长庆二年(822)，白居易出任杭州刺史，赴任途中特意到九江，上庐山，在草堂里安歇一夜，又匆匆离去，他感叹道“五年方暂至，一宿又须回”，不过“纵未长归得，犹胜不到来”《题别遗爱草堂兼呈李十使君》，只住一晚也聊以安慰。这时他还认为自己会“不能成一事，赢得白头归《重题别遗爱草堂》”。

二十年后，白居易一直和九江的朋友保持联系，先后两次把编著《文集》交予东林寺收藏。三十年后，已近天年的白居易还念念不忘庐山草堂，梦想重游：“三十年前草堂主，而今虽在鬓如丝。登山寻水应无力，不似江州司马时。”

白居易遇上九江，九江以灵秀的山水浸润滋养了落魄失意的诗人，诗人则报以倾心吐胆的锦绣诗文和一生难忘的眷恋。白居易遗爱九江，遗留下他根据梦中的家园而营造的诗意居所——庐山草堂，他追寻陶渊明笔下桃花源般的理想之路——花径，他贯通音乐圣殿与人生共鸣的艺术绝响——《琵琶行》，他调动巧思慧眼记录的世情百态——写于九江的300多篇诗文，他生前身后以一己之力对九江文化产生的波澜壮阔的影响力，应了他的诗“我身虽殁心长在，暗施慈悲与后人”。是慈悲亦是爱，如东林寺的钟声，至今仍回响在九江的山水间。

（朱虹　张雷）

辛弃疾在江西

辛弃疾，字幼安，号稼轩，历城（今山东济南）人，我国历史上伟大的豪放派词人、爱国者、军事家和政治家。

辛弃疾生于1140年，逝于1207年。其所生活的时代，正值南宋与金朝南北分峙、民族矛盾十分尖锐的时期。彼时的南宋，偏安东南，苟安享乐，而中原地区的人民不满金朝统治，不断掀起抗金起义的浪潮。22岁的辛弃疾就是在这种背景下，参加了抗金起义，而后归依南宋。南归初期，辛弃疾一心抗金，力图恢复中原，可朝廷对北伐之事并不感兴趣，只是让辛弃疾辗转各地担任地方官员。1181年，辛弃疾被弹劾免职，先后闲居上饶带湖、铅山瓢泉等地。之后，又有两次被起用的机会，但时间都不长。1207年，辛弃疾病逝于铅山瓢泉，墓葬铅山县永平镇瓜山虎头门。

一、军事天才

他是有勇有谋却又不得志的军事将领。他22岁就举起义旗，加入耿京领导的义军，担任掌书记。和辛弃疾关系相好的义端和尚随他一同加入耿京阵营，但是义端有了叛变之心，盗走了辛弃疾所掌管的帅印去

辛弃疾雕像

金营邀功。耿京知道后大发雷霆，问罪辛弃疾。辛弃疾深知难辞其咎，立下军令状要追回帅印。他策马狂奔，追上义端和尚，手起刀落，义端身首异处。1162 年，辛弃疾南下联络南宋，在此期间，起义军中发生内讧，耿京被叛徒张安国杀害。辛弃疾得知后，怒发冲冠，率领 50 骑兵，奇袭金营擒拿张安国，交南宋枭首示众。可谓“百万军中取上将首级”，其年仅 23 岁。洪迈称赞曰“壮声英概，懦士为之兴起，圣天子一见三叹息”。南归宋朝后，他曾考察战局，分析宋金形势，写成《美芹十论》进奏朝廷，稍后又进献北伐计划书《九议》，致力推进光复中原大业。1180 年，辛弃疾在湖南创置“飞虎军”，“雄镇一方”，这支部队也成为长江边上最好的防守部队。可是，朝廷中的主和派对辛弃疾十分忌惮，不仅不对其委以重任，反而不时打压弹劾。他心情十分郁闷，只有在醉酒之后，辛弃疾才能“挑灯看剑”，只有在梦里，才能“吹角连营”。他率百万雄兵，北伐征战的愿望终难实现。

二、治世能吏

他是政绩卓著却又不被重用的治世能吏。在辛弃疾南归后的前 20 年时间，他辗转于江西、江苏、湖北、安徽等地，先后担任江阴签判、建康通判、滁州知州、江东安抚司参议官、江西提点刑狱、京西转运判官、江陵府兼荆湖北路安抚使、隆兴知府兼江西安抚使等职务，他关切民生、民力，每到一地，必有政绩。1172 年，辛弃疾知滁州。滁州正当江淮要冲，地位重要，但由于连年天灾战乱，经济萧条，土地贫瘠，人口稀少，商贾不至。辛弃疾到任后，首先张贴布告，招抚四方百姓，将官府的库银贷给他们，给流离失所者土地、农具、耕畜、粮种，鼓励安家落户，恢复生产；然后上书朝廷，要求对滁州以边境之郡待之，免去历年所欠朝廷的赋税；他制定政策，宣布凡过往滁州的商贾只收取过去税收的 3/10；他还组织百姓砍伐木材，烧制砖瓦，恢复重建了市区的商店旅社。经过了艰苦的努力，不到一年时间，地方经济复苏，百姓安居乐业，商贾们纷纷涌进滁州，财税日增，这里很快成为两淮地区商品的集散地，一改往日荒凉、萧条的景象。

1175 年 7 月，辛弃疾到赣州任江西提点刑狱，3 个月的时间就平定了茶商军的叛乱。在到赣州的第二年，他途经造口遥望郁孤台，吟唱出了一阕充满豪放之情的《菩萨蛮·书江西造口壁》：

郁孤台下清江水，中间多少行人泪。西北望长安，可怜无数山。

青山遮不住，毕竟东流去。江晚正愁余，山深闻鹧鸪。

1180 年，辛弃疾第二次调任隆兴府（南昌）知府兼江南西路安抚使。当时江西发生严重的旱灾，粮食歉收，物价飞涨。辛弃疾到任后贴出告示：“闭粜者配，强籴者斩。”南昌的物价顿时稳定下来，辛弃疾还把所买3/10的粮食拨给了正处于饥荒中的信州。每到一地，他都取得了公认的政绩。很可惜，每当他准备大干一场之时，朝廷的调令又到了。

三、词中之龙

他是我国历史上最伟大的词作家之一。宋代是词作的高峰，辛弃疾和苏轼共同创造了宋词的巅峰，人称苏辛。有人称辛弃疾为“人中之杰，词中之龙”。王国维称赞曰“幼安之佳处，在有性情，有境界”。他在《人间词话》中，引用了辛词名句“众里寻他千百度，蓦然回首，那人却在灯火阑珊处”作为读书治学的最高境界。毛泽东主席多次说他喜欢读苏东坡、辛弃疾，在他故居藏书中，圈画得最多的是辛弃疾的词，约98首，有的甚至是反复圈画，其诗词风格也深受辛词影响。著名学者叶嘉莹评价辛弃疾说“他在词中所做出的开拓和成就，不仅超越了北宋的苏轼，而且也是使得千百年以下的作者一直感到难以为继”。辛弃疾继承了苏轼的豪放词风，而又把词的创作推向了一个新的高度，形成了中国词史上的豪放流派。以苏、辛为代表的豪放派与传统的婉约派平分秋色，给后世词坛产生了深远影响。辛弃疾不仅是南宋最伟大的词人，而且是我国历史上最伟大的词人之一。

虽然辛弃疾的词作主流是豪放风格，如“道男儿到死心如铁，看试手，补天裂”。但是其词在沉雄豪迈中不乏细腻轻柔。

比如，《满江红·敲碎离愁》中“敲碎离愁，纱窗外、风摇翠竹。人去后、吹箫声断，倚楼人独”。古人论词，往往将其人品与词品结合起来进行考察。“器大者声必闳，志高者意必远”，辛弃疾在用他的生命去写词，把他的理想抱负和性格特色融入到辛词里。他一生都北望中原，致力于北伐收复中原，要积极备战，向上奋发。可是他向上奋发的力量却一直面临着向下打压的力量，几次遭到谗毁、罢免，他归依南宋后的40多年中竟有20多年是闲居家中。所以他的词中，有理想浪漫和现实残酷的两种对立力量在激荡盘旋，让读者更觉得百转千回，韵味深长，悲叹不已。比如，在《破阵子·为陈同甫赋壮词以寄之》中，他刚写完“了却君王天下事，赢得生前身后名”，达到人生理想的巅峰，忽然一句“可怜白发生”！又打回原形回到残酷现实。

《破阵子·为陈同甫赋壮词以寄之》

醉里挑灯看剑，梦回吹角连营。八百里分麾下炙，五十弦翻塞外声，沙场秋点兵。

马作的卢飞快，弓如霹雳弦惊。了却君王天下事，赢得生前身后名。可怜白发生！

据统计资料数据，辛弃疾现存词作篇数629篇，在两宋词人中居第一，又就词集的版本、数种词作在历代词话中被品评的次数、当代研究评论著作的篇数、历代词选入选的词作篇数和当代词选入选的词作篇数这5项指标综合衡量，辛弃疾在宋代词人中同样高居榜首。由此可见，辛弃疾的词作在中国词中的地位和在历史上的深远影响，他确实可进入中国最伟大的词作家之列。

四、退隐江西

辛弃疾生命中近一半的时间都在江西度过。根据历史学家邓广铭先生的《辛弃疾年谱》统计，辛弃疾在江西呆了 27 年，赣州、南昌、上饶都留下了辛弃疾的足迹。1175 年 7 月至 1176 年秋，辛弃疾在赣州担任江西提点刑狱；1177 年冬至 1178 年秋和 1180 年冬至 1181 年冬，辛弃疾两次在南昌任职，均担任隆兴府（南昌）知府兼江西安抚使。除此之外大部分的时间在上饶的带湖和瓢泉，《稼轩词》600 余首，超过一半作品写于带湖与瓢泉。

1180 年在南昌为官时，辛弃疾就想在上饶建园林式的庄园，安置家人定居。他根据带湖四周的地形地势，亲自设计了“高处建舍，低处辟田”的庄园格局，并对家人说：“人生在勤，当以力田为先。”因此，他把带湖庄园取名为“稼轩”，并以此自号“稼轩居士”。

1182 年开始，辛弃疾开始闲居上饶带湖，带湖和铅山县的瓢泉成为他生命中长期的住所。这一年，辛弃疾写下了《水调歌头·盟鸥》：

带湖吾甚爱，千丈翠奁开。先生杖屦无事，一日走千回。凡我同盟鸥鹭，今日既盟之后，来往莫相猜。白鹤在何处？尝试与偕来。

破青萍，排翠藻，立苍苔。窥鱼笑汝痴计，不解举吾杯。废沼荒丘畴昔，明月清风此夜，人世几欢哀？东岸绿阴少，杨柳更须栽。

江南广袤。为何独选上饶？因为辛弃疾既想为国效命，期待朝廷起用，又想与美丽山川相伴。洪迈《稼轩记》说，“国家行在武林，广信最密迩畿辅。东舟西车，蜂午错出，势处便近，士大夫乐寄焉”。当时，南宋朝廷偏安于临安，距离信州只有800里行程。进，可以即刻入朝；退，可以归隐林泉。而且上饶这个地方风光秀丽、上风上水、民风淳朴、物产富饶，宜居宜业宜游在全国名列前茅，很多北方南迁的名门望族都聚集于此。开始，他曾设想在上饶只是短暂闲居，不用多久即会被起用，而没想到这一闲就是10年多的时间，由青丝变白头。

也罢也罢，既然英雄无用武之地，不如结盟鸥鹭，相伴山水，过一段惬意舒适的田园生活。在这片安宁的土地上，在恬淡的田园生活中，词人与自然同行，与风月同醉，书写下大量不朽的词作……

比如，“我见青山多妩媚，料青山见我应如是”的《贺新郎》，“茅檐低小，溪上青青草”的《清平乐》。在带湖居住时，他经常到上饶黄沙岭附近游玩、讲学，一天，当他经过黄沙岭驿道时，眼前景色令他陶醉，明月、清风、惊鹊、鸣蝉、蛙鸣，他挥笔写下《西江月·夜行黄沙道中》：

明月别枝惊鹊，清风半夜鸣蝉。

稻花香里说丰年，听取蛙声一片。
七八个星天外，两三点雨山前。
旧时茅店社林边，路转溪桥忽见。

随政治仕途之变而变的，是辛弃疾词作的风格。从前期的激情澎湃、忧国忧民，到后期的闲云野鹤、寄情山水，从中可以看出他关注视角和内心情怀的转变。

今天的带湖早已不见踪迹，辛弃疾的带湖庄园也不见了踪影。有意思的是辛弃疾在带湖的住所紧靠茶圣陆羽所定的天下第四泉，我们想从中考证是否辛弃疾因为泉水而居住在带湖，但求而未得。或者，这是一种历史的缘分，来自泉城的辛弃疾注定一生与泉水分不开。

1186 年，辛弃疾到鹅湖山一带觅泉，来到桐木江岸的奇师村，发现村旁的瓜山山麓有一口周氏泉。因形状似瓢，辛弃疾取孔子“一箪食，一瓢饮，在陋巷，人不堪其忧，回也不改其乐，贤哉回也”的含意，取名为瓢泉。夜阑，星疏月朗泉呜咽，彻夜无眠，浮想联翩，赋词一首，抒发内心的惊喜之情，即《洞仙歌·访泉于奇师，得周氏泉，为赋》：

飞流万壑，共千岩争秀。
孤负平生弄泉手。
叹轻衫短帽，几许红尘，
还自喜，濯发沧浪依旧。
人生行乐耳，身后虚名，

何似生前一杯酒。
便此地、结吾庐，待学渊明，
更手种、门前五柳。
且归去、父老约重来，
问如此青山，定重来否？

翌年正月，辛弃疾重访瓜山奇师周氏泉，将此泉及房屋商购门下，决意在泉边建个茅草书楼。不久，茅楼建成，改奇师村为期思村。期思者，期待与希冀也。如此易名，无疑寄托了词人那结束南北分裂局面的殷切希望和东山再起为之奋斗的耿耿胸怀。而后，他便来往于上饶带湖和铅山瓢泉间。

1188 年秋天，陈亮（字同甫，1143—1194 年）写信给辛弃疾和朱熹，相约到铅山紫溪商讨统一大计。后，朱熹因故未能与会。这年冬的一个雪天，浙东爱国志士陈亮来访，好友相会话语多，二人鹅湖同憩，瓢泉共酌，长歌相答，极论世事，逗留弥旬乃别。留下了中国历史上一段佳话——“第二次鹅湖之会”。

1196 年，辛弃疾 57 岁，农历六月，带湖庄园发生火灾，房屋毁于灰烬。这次火灾，使免职在家的辛弃疾倾家荡产，大病一场。后遣散家里的全部歌妓。农历八月，他搬迁到铅山县的期思瓢泉居住。在那里，他度过了人生最后的时光。他把精力用于写词，会友。无奈，身上的钱也越花越少，身体也大不如前。

1203 年，辛弃疾先后被起用为绍兴知府、镇江知府等职。1205 年秋，又被罢官，辛弃疾怀着满腔忧愤回瓢泉。1207 年秋，68 岁的辛弃疾，身染重病，朝廷再次起用他，任他为枢密都承旨，令他速到临安（杭州）赴任。诏令到铅山，辛弃疾已病重卧床不起，只得上奏请辞。这年农历九月初十，他带着忧愤的心情和没有实现的遗愿离开了人世。临终前大呼：“杀贼！杀贼！”

瓢泉

辛弃疾是一位有着传奇经历又饱受争议的历史人物。有人说他杀人如麻，有人说他生活奢华。我更觉得他是一位被历史错位而成的文学家。他一身武艺，可深入虎穴，纵横沙场。但却退居上饶，听曲弄词。他终生北望，有说不尽的忧愁。中国的历史少了一位像霍去病、岳飞般捷报频传军功至伟的大将军，南宋王朝也少了一次又一次北定中原的机会。对于辛弃疾个人而言，是人生的悲剧。但有辛弃疾在，中华民族的历史上多了一位化武成文、创造宋词之巅的作家，中华文化的词库中多了一篇又一篇传诵千年的经典名篇。辛弃疾和辛词给以柔为美的宋词注入了刚柔相济的元素，也为中华儿女的精神世界里注入了英武豪迈、奋发图强的民族基因。对国家和民族而言，也是值得庆幸的大好事。

（朱虹　晓毅）

王阳明在南赣

王阳明，明代杰出的哲学家、思想家、政治家和军事家，我国历史上公认的“立德立功立言”的“三不朽”人物。他不仅精通儒释道学，在此基础上发展出了一套完整的心学体系，并在人生实践中践行良知学说，立下救世安民之大功，成为“知行合一”的后世楷模。

王阳明，名守仁，字伯安，1472年生于浙江余姚，1529年卒于江西南安（今大余县），葬于浙江山阴洪溪（今绍兴兰亭）。王阳明生活的时代，正值明代中叶，明王朝由稳定开始进入动荡、衰败的多事之秋，社会矛盾突出，各地动乱严重。特别是南赣汀漳地区盗贼滋多，百姓受害，巡抚一职成烫手山芋。正德十一年（1516）九月，朝廷授王阳明为都察院左佥都御史，巡抚南、赣、汀、漳等地。从正德十二年（1517）正月王阳明至南赣到正德十六年（1521）九月他离任，仅有短短4个年头，可这4年却是王阳明一生中最辉煌的4年。正如明史专家方志远所说，如果说贬谪龙场开始造就中国哲学史上的王阳明，南赣汀漳巡抚的任命则造就了中国政治史上的王阳明，正是这两个方面相互激发、相互结合，才造就了一个完整的、千古一人的王阳明。

一、剿匪安民建奇勋

王阳明在巡抚南安赣州期间，立下了“破山中贼”的奇功，取得了“破心中贼”的实效。

45 岁的王阳明在经历了科举登第、因言下狱、被贬追杀、龙场悟道、庐陵知县种种磨砺之后，终于在南赣迎来了他人生的巅峰时期。

王阳明未到任之前，南赣汀漳巡抚已连换几任，都无所作为，山贼聚结守险，抢劫商贾，对抗官府，规模越闹越大，仅南安府城就数次被攻破，不仅有千户、主簿被杀，百姓也深受其害，局势常处于失控状态。

王阳明上任伊始，便在调查研究的基础上，通过夜审老吏、截获贼情，清除内奸、行“十家牌法”，组建民兵、演练军队等一系列举措，然后采取先易后难、声东击西的战术，对漳南、南赣横水桶岗浰头的山贼各个击破，仅用一年三个月时间，就将屡剿不绝祸害当地几十年的匪患全部铲除。

在王阳明看来，破山中贼易，破心中贼难。灭山中贼，是能臣就干得了的事情；而铲除人们心中的私欲恶念，那才是“圣贤”的不世伟业。从王阳明赴南赣战场途中所作的《丁丑二月征漳寇进兵长汀道中有感》一诗中，便能看出他对南赣戡乱、止兵息戈策略的思考。

将略平生非所长，也提戎马入汀漳。

数峰斜日旌旗远，一道春风鼓角扬。
莫倚贰师能出塞，极知充国善平羌。
疮痍到处曾无补，翻忆钟山旧草堂。

南赣灭贼首战告捷后，王阳明写下《喜雨三首》，诗中抒发的不是凯旋的豪情，而是他关注农耕、体恤民生的真挚情怀。其三：

吹角峰头晓散军，横空万骑下氤氲。
前旌已贺洗兵雨，飞鸟犹惊卷阵云。
南亩渐欣农事动，东山休共凯歌闻。
正思锋镝堪回泪，一战功成未足云。

南赣匪患尽除后，王阳明即刻着手开展了全民性安民教化活动，包括：考察民情，安抚百姓；劝农耕种，恢复生产；上书朝廷设立平和、崇义、和平三县，加强管理，让山贼无处藏身；推行《赣南乡约》，通过民众自治，维系基层社会稳定；兴建书院，培养学子，赣州府衙、南安府学、通天岩等地都留下了他讲学的身影；恢复社学、大行教化，对民众进行系统的传统道德教育，改易当地好斗逞凶的习气。使得当时的南赣，社会风气焕然一新。

对此，王阳明年谱有明确的记载："先生谓民风不善，由于教化未明。今幸盗贼稍平，民困渐息，一应移风易俗之事，虽未能尽举，姑且就其浅近易行者，开导训诲。即行告谕，发南、赣所属各县父老子弟，互相诫勉，兴立学社，延师教子，歌诗习礼。……久之，雍雍然渐成礼让之俗矣。”

王阳明综合治理南赣取得的成效，可从他10年后的一首诗中窥见一斑。嘉靖六年（1527）五月，56岁的王阳明以南京兵部尚书兼都察院左都御史、总督两广兼巡抚之职赴广西平叛途经南安峰山里（今大余县新城镇）时，见闻当地商贸繁荣，学风淳正，百姓丰衣足食，有感而作《过峰山城》诗一首，描绘了百姓安居乐业和老幼箪食壶浆相迎的盛景。

犹记当年筑此城，广猺湖寇尚纵横。
民今乐业皆安堵，我亦经过一驻旌。
香火沿门惭老稚，壶浆远道及从行。
峰山弩手疲劳甚，且放归农莫送迎。

二、深悟良知力践行

王阳明在南赣平叛安民的同时，坚持研学弘道，悟出“良知”二字，始揭“致良知”之道，从而完成了知行合一、内圣外王的认知与践行。

王阳明是把学问在事业上表现出来的杰出人物。作为军事家和政治家，他是彪炳史册建立不世之功的文武全才；作为哲学家和思想家，他是开创儒学新天地的一代心学宗师；作为师者和教育家，他是人格完满、桃李天下的百世之师。

如果将王阳明成功的原因归功于他所创立的心学的力量和支撑，那么，心学的真谛和精义究竟是什么呢？在王阳明看来，只有“良知”二字，才是自己一生学术的真谛和精义。他认为，“良知”是天地万物之纲，是真正的“圣人之道”。

在南赣平叛后的一年多时间里，王阳明公务之外也有了大把的闲暇时间，他以宋儒周敦颐的号命名建立了“濂溪书院”，开始了他的讲学生涯。他在讲学时论及最多的就是“良知”和“致良知”。

最早提出“良知”的是孟子。孟子《尽心上》说“人之所不学而能者，其良能也；所不虑而知者，其良知也”。王阳明则说“良知者，孟子所谓‘是非之心，人皆有之’者也。是非之心，不待虑而知，不待学而能，是故谓之良知”。孟子提出“良知”概念后，后代儒者较少论及，直到王阳明才重提良知。而王阳明所说的良知，实际上是对“心”的发挥和阐述，比孟子所说的良知具有更大的包容性。

王阳明对“良知”的认识，有一个从无意识流露到有意识揭示的过程。他说：吾“良知”二字，自龙场以后，便已不出此意，只是点此二字不出。今幸见出此意，一语之下，洞见全体，真是痛快！不觉手舞足蹈。他还说：“良知”之说，从百死千难中得来，非是容易见得到此。

王阳明于百死千难中悟出的内心深藏的“良知”，源于他报国为民的初心和敢于担当的秉性。正德十四年（1519）六月宸濠之乱，本不关王阳明的事，当时他正奉命戡处福建叛军北上途经丰城县境，听闻南昌城有变，出于本心的良知，他扛起了一份责任。在众多官员观望、情报不清的情况下，他公开宣称“宁王谋反”。在尚未得到朝廷批文的情况下，他擅自返回

白鹿洞书院中的王阳明雕像

吉安调兵平叛，以万余衰弱之兵破宁王十万之众，于万般艰难中取得了胜利。如果没有内心这份良知，他怎么会有如此担当！

南赣和南昌的平叛结束后，王阳明并没有真正受到朝廷嘉奖，反而遭受了各种各样的猜忌诽谤和构陷。面对如此不公平的遭遇，王阳明并没有为自己叫屈或辩白，而是在冷静的思考中悟出了“良知”学说。王阳明的思想境界和精神境界也由此升华到了一个新阶段，他明确地说，自从经历宸濠之乱和许泰、张忠之变，他更是相信良知真足以忘患难，出生死。他在给江西学生邹守益的信中欣喜地说：近来信得“致良知”三字，真圣门正法眼藏。“譬之操舟得舵，平澜浅濑，无不如意。虽遇颠风逆浪，舵柄在手，可免没溺之患矣。”

正德十五年（1520），王阳明在赣州初讲“致良知”。此后在南昌、在浙江老家，他都以“致良知”为教学宗旨，宣称人人心中有良知，人们只要把自己的良知发掘出来并落实在行为上，就是“致良知”。对于“良知”和“致良知”的关系，他强调说，前者是本体，后者是功夫。并非仅仅有良心就可以达到致良知的境界，要达到致良知的境界，绝非等闲中来，要自困顿中来，从百死千难中得来；要事上练，要实落用功。可见，“致良知”的过程也就是践行“知行合一”的过程。

由此可见，王阳明的伟大贡献，不仅在于他把早已泯灭的“良知”深入发掘了出来，更在于他提出了“致良知”的方法论路径，并在自己的人生实践中真正做到了“知行合一”和“致良知”。

三、光明铸出千秋鉴

王阳明的功业和学术相互激发相互成就，其终极动力来自他“学为圣贤”、救心救世的抱负和光明的内心。

王阳明曾说，“圣人之心明如镜，只是一个明，则随感而应，无物不照。未有已往之形尚在，未照之形先具者”。王阳明的一生，光明磊落，坦坦荡荡，即便身处逆境，他也始终保持怡然乐观的心态。心光明，人生才能光明。心外无物，人生之路才会越走越宽。

正德二年（1507）春，王阳明遭遇了人生第一次挫折，即因言事下狱被贬谪龙场。在遭锦衣卫追杀亡命舟山，差点葬身大海辗转到达福建后，他写下了大气豪迈的《泛海》一诗，表明了秉性光明的他处变不惊、将生死置之度外的豁达心态。

险夷原不滞胸中，何异浮云过太空。
夜静海涛三万里，月明飞锡下天风。

在贵州龙场谪居期间，王阳明曾写下著名的《瘗旅文》，文中记载了这样一件事：正德四年（1509）秋七月初三，有一个从京师来的吏目，带着一子一仆途经龙场去上任。没想到，第二天中午有人从那条路过来，说这个吏目已死在路上。傍晚他的儿子也死了，第三天他的仆人也死在了山坡下。听闻此讯，王阳明悲伤之余，命两名仆人去把三具尸体埋了。王阳明感慨地说，我早知道你会是这个结局，因为前两天我隔着篱笆就望见了你愁眉不展，忧心忡忡的样子。如果你实在不舍这五斗米的俸禄，就应该高高兴兴去上任，为何要如此悲悲戚戚呢？穷山恶水、烟瘴毒气侵其外，忧郁侵其内，哪有不死之理！我到此处已两年，历瘴毒而苟能自全，就是因为心境怡然，未尝一日之戚戚也。

正德十五年（1520）六月，王阳明在平定宁王叛乱后又一次来到南赣，他顶着可能再次被小人诬告谗陷的巨大压力，大阅士卒，传教战法，并作《啾啾吟》一诗，其自信刚毅、不惑不忧的精神境界跃然纸上。

用之则行舍即休，此身浩荡类虚舟。

丈夫落落掀天地，岂顾束缚如穷囚！

王阳明还写有著名的《中秋》一诗，诗中更是抒发了他无私无欲、报国为民、清白一生的襟怀。

吾心自有光明月，千古团圆永无缺。

山河大地拥清辉，赏心何必中秋节。

回顾王阳明57年的人生经历，一般人理解的“幸福时光”于他而言似乎是少之又少。他虽立下不世奇功，却屡遭奸臣排挤，在困顿绝境中大彻大悟，在诽谤构陷中负重前行，宠辱不惊，用行舍藏，以传道授业为平生最快乐事。他凭着自己的良知、意志和智慧，愣是把自己活成了一个饱满、鲜活的千古传奇，一生正气地矗立在人世间，成为光耀后世的百世楷模。

嘉靖七年（1528）十一月二十九日（1529年1月9日），王阳明卒于江西南安（今赣州大余县）青龙铺，年仅57岁。他的临终遗言“此心光明，亦复何言”，就是对自己一生的真实写照。

四、遗风余泽惠后人

王阳明与南赣有着不解之缘，他不仅将他一生最后的足迹，也将他的精魂永远留在了南赣。

历经500年风云变幻，王阳明的形象在今天的赣州、大余依然鲜活。这里的百姓将王阳明奉为神灵，几乎人人都能如数家珍地讲出关于他的一二传说。

御寇城池成奇绝。王阳明曾经倡导并资助大余的百姓兴建“乡民自卫、防御匪患”的城池。杨梅古城是大余“南安九城”建在乡间里最大的城堡，也是至今保存尚好的“孤城”。斑驳的城墙，古朴的宅第，鹅卵石巷道，绕城的玉带水，随处可见的历史印记，为这座古城增加了神秘的色彩。杨梅城的建设是因为得到了王阳明的“奏允”才建的。如胡定所撰的《杨梅城池记》中记载：“庾邑杨梅，王氏聚族而居，衣冠礼教之乡也。阳明明王公治赣时奏允建城，王氏爰砌石甃砖，坚为雉堞，外有绕水，籍以为池，壮哉！”

丫山古寺多传奇。丫山不仅有与松声、竹声、瀑布声相伴的美景，也有儒释道文化包容共存的文化现象。在灵岩古寺，不仅周敦颐、程颢、程颐、朱熹等历史文化名人曾在此讲学游览，也流传着王阳明从广西征战因病返乡经过南安黄龙地界时曾拜谒灵岩寺的故事。“民国”八年版《大庾县志·卷十五杂志类·拾遗》对此有一段专记：“王文成征思、田归，至南安，偶入一寺（指丫山灵岩寺）。先是寺有上座僧将入寂，命其徒钥所居禅室，戒毋开，曰‘姑俟我至’。文成见其所钥局甚固，问之，其徒以师语告。文成曰：‘固俟我也。’开之几有书，尘封其上，拂而读之云：‘五十七年，王守仁，启吾钥，拂吾尘，若问前生事，开门人是闭门人。’”王阳明阅后大惊，立即带着随行人员出寺下山上船，待船行至青龙铺时，病逝船中，时年57岁。

阳明遗迹可寻觅。王阳明去世后，为了感念他的功德，南赣各县几乎都兴建了纪念王阳明的场所。今天的赣州仍然保存有王阳明主持修建的太平桥、结庐讲学处通天岩、王阳明亲笔手记“平茶寮碑”“玉石岩碑”等历史文化遗存 120 多处。1994 年 5 月，冈田武彦等日本阳明学专家学者 280 多人捐款在青龙铺王阳明去世地兴建了一座碑亭，即“王阳明落星地纪念碑亭”。2014 年 10 月，大余王氏联谊会捐资在大余丫山灵岩寺侧兴建了一座纪念碑亭，称“阳明亭”。

阳明心学对赣州、大余、崇义、上犹、南康的影响也无处不在。在阳明心学的熏陶下，今天生活在南赣地区的客家人呈现出显著的勤勉实干、朴实善良的品质。赣州等地也成了受阳明心学浸润的一方沃土，成了经济社会协调发展、百姓安居乐业、民风淳朴、学风醇厚的儒雅之地。

一种理论如果仅仅停留在书本上，那么它再好也意义不大；一种理论如果不能经受历史的检验，它也不会生命之树常青。阳明心学之所以 500 年薪火不断，是因为自其从诞生之日起，它便具备了一种超强的经世致用的品格，它能够指导实践，能够助人行善，助人成功！在这个浮躁并充满诱惑的时代，当面临行为抉择时候，我们一定要牢记阳明先生的教诲，这就是：良知！致良知！知行合一！

（朱虹　林泉）

小平小道：改革开放的策源地

2018年，是中国改革开放40周年。在这个重要的日子里，我们深切缅怀改革开放的总设计师邓小平同志谪居江西下放劳动的艰辛岁月。小平小道由此成为改革开放的策源地。

1969年10月至1973年2月，受到错误批判的邓小平下放到江西新建县拖拉机修配厂劳动。为方便小平同志上下班，工人师傅们从工厂后墙开了个小门，并用炉灰渣铺了一条500米长的小路直通陆军步兵学校的住所。小平夫妇风雨无阻来来回回在这条小道上走了3年零4个月。人们把这条小道称为“小平小道”。

这是一条蜿蜒曲折、长满杂草的田间小道。路不宽也不是很平，两旁就是庄稼地。这又是一条特殊的小道，小平同志每天往返于这条小路上，乱象丛生、大起大落、跌宕起伏的故事时时都在上演，他观察着，思考着，等待着，用自己坚实而稳健的步伐走出了一条解放思想、实事求是、改革开放的大道。邓小平夫人卓琳说：“从小平小道延伸出去的，是一条通往国家富强、人民幸福的中国特色社会主义康庄大道。”事实证明，小平小道是中国改革开放的策源地，这里是小平同志蛰伏等待之地、改革开放的思想孕育之地和行动起源之地。

小平小道的邓小平塑像

一、蛰伏等待之地

小平小道是中国改革开放的策源地，在于它为邓小平提供了一个学习、观察、思考的相对宽松环境。在江西的这三年多时间，对邓小平而言是政治人生的低谷，但又是蛰伏等待韬光养晦的三年。他利用这个安静的环境，不断地学习、思考、提高，积极地锻炼身体，为领导改革开放做了充分的智力和体力准备。

在“文化大革命”中，邓小平成为“党内第二号走资本主义道路的当权派”，被实际上撤销党内外一切职务，儿女们也遭遇批斗迫害。在这种环境之下，1969 年，邓小平和妻子卓琳、继母夏伯根一起，被送到江西南昌，接受劳动锻炼再教育。送邓小平到江西的“专案组”工作人员回京后，写了份报告，摘录如下：“22 日送邓小平、卓琳、夏伯根去江西，今日（28 日）归来。邓押于南昌西北十三公里处，原步兵学校，现是五七干校，xx 军 xx 师炮兵团和原步兵学校留守处住。由省革委会管，派炮团一个班 12 人监管，单住一小楼上，下住一个干事和一战士管他。平日劳动，仍用邓小平名。”由此可见，邓小平所处的政治环境十分险恶。

庆幸的是，江西省为小平同志提供了较为安静宽松的外部环境，让他得以摆脱“文化大革命”的政治乱局。在刚定邓小平下放江西时，周恩来就亲自打电话给江西省有关部门负责人，要求不能将小平同志安排在赣南山区而是安排在南昌市郊区。后来的事实证明，这是邓小平生命安全的重要保证。小平同志的住所被安排在一个军事驻地——南昌陆军步兵学校（今解放军陆军步兵学院），这样就避免了受到造反派的冲击，工作地点则安排在附近的新建县拖拉机修配厂。新建县也严格规定任何组织、个人不准干扰小平同志工作，拖拉机修配厂清理了“大字报”“标语”，还把闹得最凶的造反派迁出了工厂。不知是历史的巧合还是上天的眷顾，拖拉机修配厂的负责人罗朋，正好是邓小平二野的老部下，他品行正直，敢作敢为，在自己能力范围之内给了邓小平最好的关照。正如一位老同志所说：“特殊时期，江西军民保护了小平同志，让他得以充分了解中国国

小平小道陈列馆

情，得以从容地去思考问题。江西既是中国革命和建设的源头，更是福地。”

较为宽松的环境让邓小平得以安心读书思考。下放江西时，邓小平从北京带来大量书籍。平日午饭后，小平同志都会小睡片刻，然后阅读带来的书，“图书中除马列著作和毛泽东著作外，还有历史、文学、哲学、传记等方面的书籍”。晚上10点上床后，小平同志还会读一个小时的书。1971年林彪事件以后，邓小平给毛泽东写信说“这两年我每天上午到工厂劳动，下午和晚上，看书、看报、听广播和做些家务劳动”。在江西的三年，邓小平得以超脱地观察复杂的政治局势，他系统地阅读了马列经典著作并在学习中加深了对中国国情的认识，坚定了改革开放的信念。

较为宽松的环境也让邓小平的身体得到了锻炼和恢复。刚到江西时，邓小平身心疲惫，每晚要服用安眠药才能入睡。后来，生活工作趋于稳定，他就开始锻炼身体，坚持用冷水洗头洗脸，每天坚持走路锻炼，饮食也得到较好保障，身体状况得到恢复。据邓小平的女儿邓榕说，“父亲在北京挨批的时间里身体消瘦，面容憔悴，到了江西后体重又开始增加，活动增加，一改刚来时的瘦削和憔悴，人胖了一些，精神也好了很多”“多年来吃安眠药入睡的习惯也改掉了”。健康的身体保证了邓小平为党和国家继续工作，在1973年他接到中央的回京通知后，感慨地说：“我还可以干20年。”事实上，邓小平回京后，又为党工作了20年。这是他人生经历中最辉煌的20年，也是受到国内外评价最高的20年。

二、思想孕育之地

小平小道是中国改革开放的策源地，在于邓小平改革开放的思想在这里孕育。在学习和锻炼之余，小平同志有了更多的时间来进行思考。他在小平小道上一天又一天地走着，对“文化大革命”、社会主义本质、发展生产力、科学技术、国际环境等问题都有了较为深入的思考。这些思考成为改革开放思想的萌芽，为后来的全面整顿及改革开放奠定了思想基础。1986 年 12 月，邓小平在会见贝宁总统时说：“‘文化大革命’中我被打倒两次，这种经历并不都是坏事，使我有机会冷静地总结经验。因为有了那段经历，我们才有可能提出现行的一系列政策，特别是提出怎样建设社会主义的问题。”

在小平小道上，他深刻地反思着“文化大革命”。作为老一辈无产阶级革命家，邓小平是毛泽东思想的追随者和执行者，然而，却在“文化大革命”中被定为“党内第二号走资本主义道路的当权派”，夫妻二人被下放劳动，同外界失去了联系。他的子女们则受到红卫兵的批斗，被迫交代父亲的罪行，长子邓朴方不堪迫害被逼跳楼自尽，以致终生瘫痪。他曾经说，他一生中最痛苦的时候是“文化大革命”。1972 年，李井泉的 3 个子女来到邓小平家里做客，对邓小平诉说了自己的父亲如何遭到批斗，母亲如何被迫害，老二如何被毒打致死的经历，邓小平沉默无语。当地安排在邓小平驻地的工作人员要他学习《毛主席语录》，也被碰了软钉子。邓小平拒绝碎片化、片段式地学习毛泽东思想，他在 1972 年 8 月写给毛泽东的信中说：“林彪只强调‘老三篇’，多次说只要‘老三篇’就够用了。我认为毛泽东思想是在一切领域中全面地发展了马克思列宁主义，只讲‘老三篇’，不从一切领域中阐述和运用毛泽东思想，就等于贬低毛泽东思想，把毛泽东思想庸俗化。”这表明，邓小平已经在思考如何科学理解毛泽东思想的问题。九一三事件后，邓小平开始谈论对“文化大革命”的认识和看法。1972 年 11 月在泰和县与池龙的谈话中，邓小平说：“‘文化大革命’是‘左’了，被坏人钻了空子。”“林彪垮台了，我们党的日子会好点，就是有那么几个书生在胡闹。”在小平小道上，作为局外之人，邓小平对“文化大革命”中暴露出来的党和国家存在的问题和弊端看得格外真切。比如，权力过分集中、党政不分、政企不分、靠行政手段和指令性计划管理经济、自我封闭等等。

在小平小道上，他深深思索着社会主义的本质。在小平小道三年多的时间里，邓小平广泛接触了革命老区的社会状况，对最基层人民的生活有了更直观的了解，对社会主义本质有着自己的思考和认识，开始有了“贫穷不是社会主义”这一基本观点。有一次，一位工人家长仅仅因为孩子把买来的豆腐摔得稀烂而痛心不已，把孩子狠狠地打骂了一顿，那块豆腐是他下了好久决心才买来做“大餐”改善生活的。这件事给他留下了很深的印象。为了使瘫痪在床的邓朴方有点事做，邓小平曾经试图收集一些工人家里坏掉的收音机，工人们告诉他，“一月只有四五十元收入，生活蛮难的，哪里有钱去买收音机呀”。九一三事件后，邓小平曾先后获准到樟树、井冈山、瑞金等 10 多个地区调研，在永新县考察时，看到山区群众在初冬的寒风中仅仅穿着一条单裤，衣衫褴褛且大部分是自织的土布，居住

小平小道原址

的也还是土屋。小平同志清晰地认识到，发展经济，解决贫困问题，提高人民生活水平才是检验社会主义成功的重要指标。正如江泽民在邓小平追悼大会上的悼词所说："特别是他在'文化大革命'中的起落，更引起他对'什么是社会主义、怎样建设社会主义'的深刻反思，从而使他在十一届三中全会以后，毅然决然地领导全党全国人民开拓建设有中国特色社会主义的新道路。"

在小平小道上，他深深思考着如何建设社会主义。他提出加快现代化建设，加强对外交流。1972 年 11 月 12 日，邓小平来到江西盐矿，看到盐工们挥汗如雨的劳动场面，动情地说："你们的精神太值得学习了！大家现在的工作很辛苦，以后实现了机械化，就好了！"在走访泰和米厂、拖拉机厂时，邓小平还特意向有关负责人说："农业机械化是个方向，要把拖拉机生产抓好。"同年 12 月 10 日，邓小平在瑞金电线厂调研，看到工厂工人在搬运东西时很累，就关切地说："你们能不能搞流水线，这边进原料，那边出产品？"在小平小道，邓小平通过短波电台了解到世界各国的经济发展情况，也意识到了加强对外交流，引进欧美等发达国家的先进技术和设备，是促进中国现代化发展的有效途径。邓小平复出后就针对工业现代化，多次强调要"引进新技术、新设备，扩大进出口""要实现四个现代化，就要善于学习，大量取得国际上的帮助。要引进国际上的先进技术、先进装备，作为我们发展的起点"。"文化大革命"刚结束，他就亲自前往美国、日本等进行考察，美国、日本的先进技术设备，大量的低息、免息的资金得以进入中国。他鼓励发展外向型经济。20 世纪之初就留学法国的邓小平在江西亲眼目睹了中国落后的劳动生产力，对中国与西方国家的差距有了更为清醒的认识。他在瑞金考察时尖锐地指出："和西方国家比起来，我们最少落后 40 年，还需要努力。"1973 年 2 月 8 日，邓小平在参观景德镇陶瓷厂时了解到，瓷厂按照周恩来指示正在生产为外国人所需要的产品时，邓小平不仅非常高兴，而且肯定地说"是可以嘛"，对景德镇陶瓷厂走外向型发展道路表示了积极支持。

三、行动起源之地

小平小道是中国改革开放的策源地，还在于它是邓小平领导全面整顿及改革开放的行动起源之地。没有小平小道的三年，就没有 1975 年小平同志复出后大刀阔斧地整顿和 1978 年以后改革开放大胆而强有力的举措。卓琳同志说："通过三年的观

小平小道

察，邓小平更加忧思国家的命运前途。通过三年的思考，他的思想更加明确、思路更加清晰、信念更加坚定。这些，对于他复出不久即领导进行全面整顿，以及在党的十一届三中全会后制定新时期路线方针政策产生了直接影响。”从小平小道第二次复出后，1975 年 1 月，邓小平接替病重的周恩来总理主持国务院工作，他把在小平小道的思考用于国民经济建设的实践中，立即大刀阔斧地领导整顿。

一开始，邓小平即为落实毛泽东“军队要整顿”的指示做了部署，他要求解决部队中存在的肿、散、骄、奢、惰问题。接着，他雷厉风行地着手领导铁路整顿，不到一个月就取得了突破性进展，随即在工交战线各行各业推广铁路整顿的经验，并乘胜转入钢铁工业和国防科技的重点整顿。借毛泽东提出要调整党的文艺政策的机会，邓小平把整顿从经济部门引导到上层建筑特别是意识形态领域，从 1975 年 7 月起，文艺的调整、军队的整顿、教育的整顿、科技的整顿、地方的整顿、农业的整顿先后展开，并取得明显成效。在此基础上，他向全党全国提出“全面整顿”的任务，并进而明确全面整顿包括军队整顿、地方整顿、工业整顿、农业整顿、商业整顿、文化教育整顿、科技整顿、文艺整顿和党的整顿九个方面。1975 年 11 月，开始实施“批邓、反击右倾翻案风”，持续 9 个月的整顿工作被迫中断。

1975 年邓小平对各方面工作进行的整顿，使全国形势明显好转。当年国民经济由停滞下降迅速转向回升，工农业总产值比上年增长 11.9%，与 1974 年仅增长 1.4% 的状况形成鲜明对照，钢、原煤、棉纱及铁路货运量等都有较大幅度的增长。与此同时，科学、教育、文艺等领域开始打破严重沉寂混乱的局面，出现了新气象。整顿中，各级党的领导，尤其是党对军队的领导得到加强，各条战线的生产、工作秩序逐渐好转，许多地区的严重派性和武斗得到抑制，落实干部政策及其他方面政策的工作取得较大进展，全国的社会秩序逐渐趋向安定团结。全面整顿说明了邓小平关于改革的政策方针是正确的，为随后进行的改革开放积累了经验。中央指出：“这次整顿实质上是后来改革的实验，反映了广大干部和群众的愿望。”“整顿的业绩和他在整顿中表现出来的风骨，赢得了党心、军心、民心。”

1978 年 12 月，党的十一届三中全会召开，会议做出实行改革开放的重大决策。作为改革开放的总设计师，邓小平总是挺立在时代潮头，以敏锐的目光注视着中国发展的前景，带领着中国人民逐步开辟了一条建设中国特色社会主义的道路。

1978 年，中国 GDP 只有 3624.1 亿元，人均 GDP 只有 379 元。在改革开放 40 周年之际，2017 年，中国 GDP 达到 82.71 万亿元，稳居世界第二，是 40 年前的 227 倍，人均 GDP 达到 59660 元，是 40 年前的 155 倍。高铁运营总里程、高速公路总里程、港口吞吐量等均居世界第一位，天宫、蛟龙、天眼、悟空、墨子、大飞机等重大科技成果相继问世。

2018 年是改革开放 40 周年，中国国力早已今非昔比，中华民族正无比接近伟大的民族复兴。在我们尽情享受改革开放辉煌成果的时候，我们不应忘记，南昌市郊这条普通的小道对中华民族产生的深远影响。正是在这条普通的小道上，小平同志博览群书，深入剖析中国国情，汲取了群众的智慧和力量，孕育了改革开放的思想，大刀阔斧、勇往直前地开创了全面整顿的新局面，探索出了改革开放的强国之路和中国特色社会主义的康庄大道。习近平总书记指出，“如果没有邓小平指导我们党做出改革开放的历史性决策，我们国家要取得今天的发展成就是不可想象的。邓小平同志不愧为中国改革开放的总设计师，不愧为中国特色社会主义道路的开创者”。今天，我们要以庆祝改革开放 40 周年为契机，充分挖掘利用好小平小道这笔宝贵的精神财富，使其在新时代中国特色社会主义建设中发挥出更大作用。

魅力江西

作词／朱虹
作曲／田信国
演唱／白天鹅组合

这个风景独好的地方，
是我采菊爱莲的故乡，
走进落英缤纷的时光，
吟诵秋水长天的华章。

万年仙人洞，最早稻花飘香；
千年景德镇，*CHINA* 全球唱响；
百年井冈山，闯出胜利之路；
一条小平小道，通往幸福康庄。

儒家学说，在此交汇中兴；
禅宗丛林，在此创立定型；
道教祖庭，在此开坛繁盛；
江西物华天宝，人杰地灵。

这个登高壮观的地方，
是我归去来兮的故乡，
为着美好生活的向往，
共创绿色崛起的辉煌。

《魅力江西》MV
扫码看视频

图书在版编目（CIP）数据

俊采星驰 / 朱虹著. -- 南昌：江西美术出版社,2020.7（2021.7重印）
（江西符号）

ISBN 978-7-5480-7560-8

Ⅰ. ①俊… Ⅱ. ①朱… Ⅲ. ①文化－名人－生平事迹－江西 Ⅳ. ① K825.4

中国版本图书馆 CIP 数据核字 (2020) 第 075800 号

出 品 人：周建森
责任编辑：周建森　方　姝
编辑助理：饶沁雨
责任印制：汪剑菁
封面设计：韩　超
版式设计：黄　明

江　西　符　号
俊　采　星　驰
JIANGXI FUHAO
JUNCAIXINGCHI

著　者：朱虹
出　版：江西美术出版社
社　址：南昌市子安路66号
邮　编：330025
电　话：0791-86566309
经　销：全国新华书店
印　刷：江西千叶彩印有限公司
版　次：2020年7月第1版
印　次：2021年7月第3次印刷
开　本：710×1000　1/16
印　张：11.5
ISBN 978-5480-7560-8
定　价：32.00元